Corpo de
mulher,
sacramento de
Deus

Corpo de mulher, sacramento de Deus

Catarina Pasin de Lacerda

Edições Loyola

Dados Internacionais de Catalogação na Publicação (CIP)
(Câmara Brasileira do Livro, SP, Brasil)

Lacerda, Catarina Pasin de
  Corpo de mulher, sacramento de Deus / Catarina Pasin de Lacerda. -- São Paulo : Edições Loyola, 2023. -- (Psicologia e espiritualidade)
  ISBN 978-65-5504-296-2
  1. Corpo feminino 2. Feminino 3. Feminismo - Aspecto religioso 4. Mulheres - Aspectos religiosos 5. Psicologia I. Título. II. Série.

23-169767   CDD-200.19

Índices para catálogo sistemático:
1. Feminino : Psicologia religiosa   200.19
    Eliane de Freitas Leite - Bibliotecária - CRB 8/8415

Preparação: Mônica Glasser
Capa: Ronaldo Hideo Inoue
Composição sobre a imagem (gerada por IA)
de © Marco Attano | Adobe Stock.
Diagramação: Telma Custódio

Edições Loyola Jesuítas
Rua 1822 n° 341 – Ipiranga
04216-000 São Paulo, SP
T 55 11 3385 8500/8501, 2063 4275
editorial@loyola.com.br
vendas@loyola.com.br
www.loyola.com.br

Todos os direitos reservados. Nenhuma parte desta obra pode ser reproduzida ou transmitida por qualquer forma e/ou quaisquer meios (eletrônico ou mecânico, incluindo fotocópia e gravação) ou arquivada em qualquer sistema ou banco de dados sem permissão escrita da Editora.

ISBN 978-65-5504-296-2

© EDIÇÕES LOYOLA, São Paulo, Brasil, 2023

SUMÁRIO

APRESENTAÇÃO 9

PARTE I
INTERFACES DO FEMININO

CORPO, NOSSA PRIMEIRA CASA 17
O contato necessário 17
A pele, revestimento do corpo 20
A negação do corpo 23
O toque, elemento essencial à vida 28
Corpo como símbolo, sinal sensível 36

SEDUÇÃO OU ESCRAVIDÃO? 39
A escolha de papéis 40
A construção da feminilidade 43
Corpo, para quê? 49

O FEMININO REPRIMIDO 53
Construindo a repressão 55
A dominação de gênero 57
A construção do machismo 64
O ciúme, outra forma de repressão 68

CORPO COMO MEDIAÇÃO DO AMOR 71
Amar ou gostar? 71
Os três tipos de amor 77
O perdão, uma das faces do amor 80
Desconsideração, oposto do amor 84
Autoestima, base do amor 86
O ideal narcísico 89
Amor ou prazer 91

A CONDIÇÃO FEMININA NO CONTEXTO BÍBLICO 95
Um pouco de história 95
A força do feminino 96
O domínio sobre o corpo 103
Um olhar de esperança 106
A nova realidade com Jesus 110
De Eva a Maria, um caminho novo 118
Direito feminino, uma conquista 125

CIDADANIA COMO PONTO DE PARTIDA 127
Direitos das mulheres 129
As conquistas no século XX 132

PARTE II
REVELANDO O FEMININO

SEXUALIDADE E AFETIVIDADE 141
Sexo *versus* sexualidade 141
Os primeiros anos de vida 146
Dos 7 aos 10 anos 147
Puberdade 148
Adolescência 148
Juventude 148
Idade adulta 149
Sexualidade como expressão da afetividade 149

PASSAGENS NECESSÁRIAS 155
O nascimento 155
A puberdade 157
A adolescência, idade provisória 159

A menopausa 162
A morte, última passagem 166

CONTATO ESTRUTURAL COM O CORPO 173
A estrutura corporal 173
Uma leitura de Cânticos 4,1-7 175
O texto: Cânticos 4,1-7 179
Comentário sobre o texto 180
Outras referências no texto bíblico 188

CAMINHO PARA A AUTONOMIA 191
Três elementos básicos da autonomia 192
Autonomia *versus* sentido, um caminho de mão dupla 198

EQUILÍBRIO DE GÊNERO, SAUDADE OU UTOPIA? 205
O relato da criação 205
O equilíbrio justificado 207
Posições existenciais 210
Ideal *versus* real 213
A harmonia é possível 215

REFERÊNCIAS 225

APRESENTAÇÃO

Este texto surgiu do desejo de refletir, à luz da Psicologia e da Teologia – porque ciência e fé devem caminhar juntas –, sobre um tema tão instigante quanto belo, qual seja, o corpo humano; de modo particular, o corpo da mulher.

Ao criar com seu sopro o ser humano, Deus lhe faz uma proposta, chamando-o à vida. A resposta esperada da criatura é sinalizar em si mesma, como sacramento, a presença do Criador. Em outras palavras, é o que de modo feliz expressa Santo Inácio de Loyola no Princípio e Fundamento de seus *Exercícios espirituais*: o ser humano é criado para louvar, reverenciar e servir a Deus, Nosso Senhor, e, assim, salvar-se[1].

Em nossos dias, uma neurose está sendo gerada em vista de certa "educação" liberal, para a qual o corpo tem conotações diferentes e até contraditórias, que tudo permite, mas nada liberta. Somos criados e chamados à liberdade também quanto a nosso corpo. Precisamos, então, conhecê-lo para assumi-lo com coerência e responsabilidade.

---
1. LOYOLA, INÁCIO DE, *Exercícios espirituais*, São Paulo: Loyola, 2000, 23.

Há quem considere como corpo apenas a dimensão física, desintegrada da mental e da espiritual. Não se pode pensar em corporeidade sem a luz da mente e o sopro do espírito. É do corpo total, integrado, relacional, que me proponho a falar.

O corpo, tanto para a mulher quanto para o homem, abrange inteiramente o ser, expressando a vivência dos sentimentos que lhe dão vida. Toda nossa história está impressa nele, por vezes carregada de repressão – nem sempre consciente – em vários níveis: familiar, social, religioso. É o lugar visível onde existimos, nos movimentamos, andamos, e sem o qual não podemos viver. Por mais que queiramos nos esconder de nosso corpo, que não tenhamos intimidade com ele, é em sua companhia que passamos as vinte e quatro horas do dia de cada mês, de cada ano, e assim será até o fim. Nós o recebemos para ser o lugar onde estamos destinados a permanecer enquanto existirmos. Não podemos trocar de corpo. É com nossa corporeidade visível, concreta, que nos reconhecemos mutuamente e nos relacionamos.

Posso ir até o fim do mundo, posso me esconder, de manhã, debaixo das cobertas, encolher-me o máximo possível; posso deixar-me queimar ao sol na praia, mas o corpo sempre estará onde eu estou. Ele está aqui, irreparavelmente, nunca em outro lugar. Meu corpo é o contrário de uma utopia, é o que nunca está sob outro céu, é o lugar absoluto, o pequeno fragmento de espaço com o qual, em sentido estrito, eu me corporizo[2].

Todo nosso ser está contido ali, no ser humano total. É através dele que vivemos e experimentamos as realidades ex-

---

2. FOUCAULT, MICHEL, Conferência de 1966, in: *O corpo utópico. As heterotopias*, posfácio de Daniel Defert, São Paulo, Edições n. 1, 2013.

ternas. Desde o momento em que nos levantamos de manhã, é nesse lugar que nos encontramos, é aí que existimos. É sempre com nosso corpo que comemos, bebemos, rezamos, dançamos, somos felizes ou não, e executamos todas nossas ações.

Partindo da premissa de que a referência ao corpo inclui a pessoa toda, uma reflexão sobre esse tema implica considerarmos vários de seus aspectos. Cuidar do corpo como valor a ser respeitado sugere que seja valorizado não apenas em sua dimensão física, mas na totalidade de suas dimensões. Por exemplo, ao se falar de amor, sentimento tão exaltado e, até por isso, desgastado, não se tem dado a devida atenção às caricaturas apresentadas a respeito. O ciúme, expressão de abuso de poder, é igualmente apresentado travestido de amor. Do mesmo modo que parecem faltar referências claras quanto à afetividade, em um mundo mais voltado para a exterioridade que cultua o hedonismo.

Embora a humanidade tenha avançado nos campos da ciência, da tecnologia e em muitas outras áreas, ainda sentimos a necessidade de resgatar o corpo tal como foi concebido na criação: imagem e semelhança de Deus (Gn 1,26). Assim será possível vê-lo, em cada uma de suas partes e de seus sentimentos, como a presença privilegiada do Criador.

O fato de sermos gerados em um corpo de mulher e dele nascidos, é o primeiro sinal indiscutível de nossa ligação com o feminino. Essa tomada de consciência possibilita, de certo modo, o resgate de nossa relação visceral com nossa mãe, a figura feminina, ao mesmo tempo em que nos leva a entrar em contato com nossas raízes mais profundas. Também Jesus, em seu corpo gerado no ventre de Maria, o viveu plenamente como qualquer outro ser humano, exceto no pecado, e assim realizou a Vontade do Pai.

Também os homens carregam a figura do feminino, a *anima*, no dizer de Jung. Entretanto, quanto mito ainda permeia o imaginário de muitas pessoas! A figura da mãe é por vezes vista e apresentada como destituída de sexualidade e, por isso mesmo, mais associada a trabalhos domésticos.

Embora em nossa sociedade muitas mulheres trabalhem fora, persiste a ideia da menos-valia associada ao "sexo frágil", destituído de força física e com baixa capacidade intelectual, o que também favorece serem tratadas com menos respeito.

A representação simbólica do feminino, um círculo sobre uma cruz equilateral, nos leva até Vênus, deusa do amor e da beleza na mitologia romana, equivalente à Afrodite para os gregos. Esse símbolo pode retratar o espelho na mão da deusa, cuja ligação poderia ser representativa de dois atributos essenciais à vida: o amor e o belo. Assim, pode estar associado à permissão de a mulher poder descobrir-se em toda sua essência, sua verdade, sua sexualidade e afetividade, seu valor e sua riqueza interna.

Mas nem sempre tal imagem tem sido considerada como característica feminina. Por isso, parece que essa será uma tarefa para toda aquela que de fato quiser reconhecer seu potencial e fazê-lo emergir, para levá-la sempre mais a oportunidades de valorização. Isso implica permitir-se viver, lançando-se cada vez mais em busca de ser reconhecida em seu valor e em suas descobertas, a fim de poder caminhar na igualdade com o homem e, assim, também viver seu papel de companheira.

O que hoje cada vez mais se enfatiza é a *pessoa humana*, não na dependência de seu sexo, mas preferencialmente no que tem de capacidade e competência, sejam quais forem os ramos de atividade. Não há dúvida de que, para tal, contribuiu, através dos tempos, a atitude empreendedora da mulher, mais e mais assertiva na defesa de seus justos interesses, demonstrando espírito crítico e autoridade nas coisas que veio realizando, conquistando seus espaços a duras penas, mesmo que nem sempre de maneira tranquila, como costuma acontecer em todas as urgências de transformação. Precisou para isso superar o pressuposto de ser emotiva e irracional, que a fazia objeto de menos-valia.

Muitas mulheres, para se adaptar ao ambiente, acabam se esquecendo de seu corpo verdadeiro, e vão como que "criando" um corpo diferente, estranho, que, na verdade, até acabam rejeitando. Precisam, nesse caso, descobrir que ele representa não apenas o aspecto físico, mas o conjunto de atributos intelectuais, morais, psicológicos que também não têm sido reconhecidos como patrimônio da mulher. Ao procurar resgatar a dignidade do corpo feminino, devem igualmente buscar o resgate de seu valor autêntico e integral como pessoa.

Do mesmo modo que as chaves de nossa casa não são guardadas na casa do vizinho, cabe a nós guardar as "chaves" de nosso corpo, isto é, garantir que sua posse seja nossa. O que muitas vezes falta é a consciência de que, se o corpo é nosso, precisamos nos apropriar dele. Nossa tarefa para que tal aconteça é a de nos empenharmos por conhecê-lo intimamente. Quanto mais o entendermos, mais gostaremos de *ser* esse corpo. Isso mesmo, porque não *temos* um corpo, *somos* um corpo. Por isso, já é hora de nos livrarmos de uma vida superficial, insatisfatória, que apenas nos permite ver parte do que somos, impedindo-nos de chegar a nossa verdade profunda.

Sem pretensão de ter a última palavra, pois há muito ainda para ser refletido, espero contribuir para que a mulher, descobrindo seu corpo como veículo para a vida, deixe emergir seu potencial e se realize, de modo que injunções ou programações do passado tornem-se conscientes, possam ser ressignificadas, e ela cresça sempre mais na consciência de seu valor.

As reflexões a seguir pretendem trazer à tona essa situação, bastante conhecida e sempre atual, embora nem sempre tratada com o devido respeito.

PARTE I
INTERFACES DO FEMININO

CORPO, NOSSA PRIMEIRA CASA

O contato necessário

Ao entrarmos em contato com nosso interior, com o que temos de mais íntimo, a sensação é de que também o mundo exterior fica melhor. E não é para menos. À medida que tomamos consciência de nós mesmos, de tudo o que somos e está impresso em nosso corpo, assumindo a responsabilidade pelo rumo que queremos dar a nossa vida, também nossa consciência do externo fica diferente.

O caminho do subjetivo para o objetivo nos possibilita ver a realidade como ela é, com seus altos e baixos, mas sem precisarmos nos deter apenas nos "baixos", nos aspectos desagradáveis.

Confiamos a responsabilidade de nossa vida, de nosso corpo, aos outros, por vezes àqueles que não desejam essa responsabilidade e que se sentem esmagados por ela; quase sempre àqueles que pertencem a instituições cuja primeira finalidade é a de nos tranquilizar e, portanto, de nos reprimir. E quantos há, independentemente de idade, cujo corpo ainda pertence aos pais? Crianças submissas, esperando em vão, durante toda a vida, licença para vivê-la. Menores de idade psicologicamente, não ousam nem olhar a vida dos outros, o que não os impede, porém, de tornarem-se impiedosos censores[1].

O corpo manifesta diretamente o que somos e pensamos. A partir de sua observação (postura, respiração, por exemplo), podemos aprender muito sobre nós mesmos e sobre qualquer outra pessoa. Ao tomarmos consciência de nosso mundo interno, temos condições de identificar e expressar nossas emoções, sentimentos, desejos, decisões.

Ao identificarmos, por exemplo, alguma rigidez muscular em nossa postura, podemos revertê-la, assumindo o controle, não apenas daquele ponto particular, mas de modo especial de nossas emoções. Isto é, procurar perceber e identificar o que estamos sentindo no momento, até que a distensão muscular vá começando e chegue ao relaxamento. Desse modo, também tomamos posse de nossas vivências e assumimos, sempre que necessário, as mudanças convenientes.

Toda emoção é resultado de um pensamento, ou seja, o que pensamos, acabamos sentindo e, consequentemente, expressando. Nada é gratuito ou acontece por acaso. Se pensarmos em algo bom é evidente que nos sentiremos bem. Ao contrário, se o pensamento for negativo, a reação só poderá nos levar a nos sentirmos mal. Tanto o bem quanto o mal serão expressos pelo nosso corpo, muitas vezes através dos mais variados sintomas: falta de ar, crises de asma, diarreia, enxaqueca, taquicardia e inúmeros outros.

Lidar com o corpo nem sempre tem sido tarefa fácil. Por vezes, muitos conflitos se estabelecem em vista de uma

---

1. BERTHERAT, THÉRÈSE, O corpo tem suas razões, São Paulo: Martins Fontes, [14]1991, 12.

"educação" equivocada, que confunde a busca de prazer com o medo da punição. A consequência disso é a repressão, que impede a expansão e funciona, por um tempo, como freio. Wilhelm Reich, terapeuta corporal, apresentava a repressão como defesa que, ao se tornar crônica, evolui para o que denominou de "couraça caracterológica". Para Reich, cada pessoa expressa no corpo seu caráter, em termos de "rigidez muscular" ou "couraça muscular". Afirmava, ainda, que a perda da couraça muscular libertava quantidade considerável de energia e auxiliava cada vez mais a liberação de emoções. Seu trabalho consistia primeiramente na análise da postura, das atitudes físicas de seus pacientes, de modo que tomassem consciência de como reprimiam sentimentos que ficavam armazenados em diferentes partes do corpo. Percebeu que logo que a emoção reprimida fosse liberada, a tensão seria inteiramente superada.

Frederick Perls, criador da Gestalt-terapia, considerava importante levar em conta o organismo como um todo e não como um conjunto de partes, funcionando sem muita organização. Segundo ele, o meio ambiente e o indivíduo interagem constantemente, e cada elemento do organismo mantém íntima conexão com o todo, sempre no aqui e agora. Enfatizava, ainda, a importância de se ter atenção para a pessoa no presente, em sua situação real e atual. Isso porque é necessário que ela tenha consciência de *como* são suas emoções, mais do que *por que* apresenta tais e tais comportamentos.

As situações não resolvidas ou inacabadas do passado dificultarão que se lide inteiramente com o momento presente. Porém, à medida que houver interesse de tornar conscientes experiências presentes, poderão aparecer aspectos ou situações de conteúdos não resolvidos do passado. Nesse sentido, a consciência de *como* se sente hoje, aqui e agora, é essencial para que se tome posse da vida.

A realidade do mundo só pode ser vivenciada por uma pessoa através de seu corpo, o qual lhe propicia marcas e também atinge seus sentidos. É através do corpo, em contato com o meio ambiente, que se faz a experiência da vida. Há uma grande interação entre o corpo e seu meio. Quanto mais a pessoa tem consciência dele, tanto mais pode perceber o contexto em que está inserida. Quanto mais se sente bem, viva, ajustada em sua realidade, tanto mais sua percepção e reação sobre o mundo são adequadas, ativas, dinâmicas.

Quando a pessoa não está bem internamente, sua percepção do exterior é afetada, não tem condições de conectar-se com o meio ambiente e o mundo lhe parece sem movimento e sem cor. Essa alteração ocorre porque a imagem que é captada do que se passa fora está intimamente ligada aos sentimentos e às sensações pessoais.

A pele, revestimento do corpo

Ao falarmos de corpo, precisamos ter um olhar atento para o que o envolve por completo: a pele, em constante renovação em vista das células de suas mais profundas camadas. É o órgão tátil que durante muito tempo não recebeu a devida atenção. Mesmo quanto aos males causados pela exposição excessiva ao sol, só recentemente as pessoas se tem voltado para a pele como parte essencial no crescimento e desenvolvimento orgânico.

A pele como uma roupagem contínua e flexível, envolve-nos por completo. É o mais antigo e sensível de nossos órgãos, nosso primeiro meio de comunicação, nosso mais eficiente protetor. O corpo todo é recoberto pela pele. Até mesmo a córnea transparente de nossos olhos é recoberta por uma camada modificada de pele. A pele também se vira para dentro para revestir orifícios como a boca, as narinas e o canal anal[2].

As funções da pele consistem em proteger os tecidos do corpo. Sua maior lubrificação e os poros abertos facilitam que fique mais macia no verão. Já no inverno, tende a ficar mais condensada e a manter os poros fechados.

A renovação da pele é constante em vista do trabalho das células, as quais são substituídas com bastante rapidez durante a vida inteira. Além das variações no corpo todo quanto à enervação, textura e flexibilidade, de modo especial a do rosto guarda como memória as marcas de experiências de vida: as rugas, mais do que sinais de envelhecimento a ser combatidos e evitados, concentram como memorial as emoções vividas.

Inúmeros pesquisadores já demonstraram a importância do contato físico, pele com pele, entre mãe e filho, mesmo entre as aves na sua capacidade de chocar. A estimulação da pele secreta a prolactina, hormônio necessário não só ao início e à manutenção da choca como também está associado ao início e à manutenção do aleitamento de mamíferos, entre estes da mãe humana.

Alguns cientistas têm insistido na importância de aconchegar o nenê, logo ao nascer, ao lado da mãe, pois isso traz benefícios inestimáveis a ambos.

> Devemos nos perguntar aqui se, ao separarmos o bebê de sua mãe, como é hábito nos hospitais, e o colocarmos no espaço aberto de uma cesta ou berço, não estaríamos viabilizando um trauma seriamente comprometedor para o bebê, trauma do qual ele talvez jamais se recupere por completo? Um

---

2. MONTAGU, ASHLEY, Tocar. O significado humano da pele, São Paulo: Summus, 1988, 21.

trauma sobretudo que, no mundo civilizado do hemisfério ocidental e nos países afetados pelas práticas ocidentais de parturição, é repetidamente infligido ao bebê nos primeiros anos de sua vida. Pode ser que o medo de espaços abertos (agorafobia), ou de altura (acrofobia), ou de quedas repentinas possa ter alguma ligação com essas experiências dos primeiros dias de vida. Pode também ser que uma preferência por ficar enrolado nas cobertas da própria cama, ao invés de tê-las enfiadas no pé e laterais da cama, reflita o desejo de recriar as condições existentes dentro do útero, em reação a uma falta de apoio corporal vivida durante os primeiros anos de vida[3].

É através da estimulação da pele que o bebê recebe, desde os primeiros meses, as percepções e as mensagens para o desenvolvimento adequado de sua sexualidade. É pela pele que todo o aprendizado sobre sexualidade e afetividade é comunicado e percebido por ele.

Logo após o nascimento, várias providências são tomadas com a criança. Ela é pesada, medida, são registrados seus dados físicos, e uma espécie de pulseirinha é colocada em seu pulso com o número de identidade. Após nove meses de contato íntimo com a mãe, ao nascer o bebê precisa e quer ficar junto dela. Mas nem sempre é assim que acontece e, muitas vezes, esses primeiros momentos acabam se tornando traumáticos. A mãe também tem necessidade da presença do bebê, de ouvir seu choro, de sentir seu calor e aconchego.

São separadas as duas pessoas que precisam uma da outra, mais que em qualquer outro período de suas vidas, impedidas de darem continuidade ao desenvolvimento daquele relacio-

---

3. Ibid., 281.

namento simbiótico que é de tão crítica importância para o futuro desenvolvimento de ambos[4].

A amamentação, ainda na linha da estimulação da pele, facilitará, entre vários outros benefícios, desde o contato físico e afetivo entre ambos, a realização do processo de volta do útero ao normal, até o deslocamento e a expulsão da placenta.

A negação do corpo

O corpo humano, de homem ou mulher, representa problema para muitos, seja em relação a si próprios, seja no contato com outras pessoas. Quanta dificuldade quando alguém faz um elogio relativo a uma parte do corpo, quanto constrangimento e até desconforto a pessoa sente ao ouvir, por exemplo: "Como é bonito o seu rosto!". É como se, mais do que uma invasão de privacidade, aquilo fosse uma brincadeira com a qual não sabe lidar. Por isso, a resposta, inúmeras vezes, é quase um pedido de desculpas: "São seus olhos".

Muito também existe de ridicularização sobre o corpo no que é ensinado para as crianças, ao se salientarem verdadeiros ou supostos defeitos, por exemplo, a respeito do nariz, do tamanho dos pés ou do modo de posicioná-los ao andar. Pais, irmãos e outros membros da família também fazem comentários de mau gosto e, mesmo que nem sempre queiram ser cruéis, na verdade, acabam as machucando. Há pais que se referem ao tamanho dos pés ou do nariz dos filhos "de brincadeira". Depois parece que não entendem por que a criança chorou ou ficou ofendida. "Sabia que você estava chegando porque, antes que virasse a esquina, seus pés viraram antes."

---

4. Ibid., 81.

Quanta ignorância ao se fragmentar o corpo, enfatizando as partes abaixo do quadril, reduzindo sua beleza e importância apenas aos genitais! Quanto de malícia com relação ao próprio corpo e ao das outras pessoas pode acarretar problemas futuros ao se tratar de modo mais direto da sexualidade! O fato de uma pessoa não gostar do próprio corpo, ou de não aceitar alguma de suas partes, pode levar a afirmações conscientes como: "Não gosto de meu corpo. Ele é feio". Ou, quando inconscientemente, o manifesta numa atitude aparentemente descuidada, qual seja, de escondê-lo ou disfarçá-lo com roupas ou com o cabelo sobre o rosto, por exemplo, porque este não é aceito. Em alguns momentos, é bem isso que acontece com algumas adolescentes. Ao mesmo tempo que desejam ser vistas e mostrar que cresceram, como ainda não sabem conviver com tanta mudança física, acabam adotando posturas contraditórias. Se por vezes facilitam que as mamas fiquem visíveis, usando blusas decotadas, por outras, encurvam-se no sentido de encobri-las. Por outro lado, há uma tendência também nessa mesma linha, nem sempre consciente, de exibir o corpo mais do que necessário.

Quando a vergonha do corpo é inconsciente, a conduta da pessoa é muitas vezes exibicionista. Ela se expõe para negar o sentimento de vergonha. Em ambos os casos, no entanto, a identificação do ego com o corpo acha-se enfraquecida. Sentimentos de vergonha e de culpa são sintomas desta ausência de identificação. Para restaurar a unidade da personalidade, é preciso que o sentimento de vergonha seja superado[5].

---

5. LOWEN, ALEXANDER, O corpo traído, São Paulo: Summus, ³1979, 260.

Incluem-se aí o descuido com a aparência, o uso de roupas largas, amassadas, sujas, que denotam a dificuldade de aceitar o corpo e acolhê-lo, relacionando-se bem com ele. Nesse caso, essa atitude pode ocorrer como reação a um padrão imposto pela família ou pelo grupo social. A pessoa que se sente o "patinho feio", por se achar desajeitada ou não se relacionar bem com seu corpo, comparando-se com as outras pessoas da família, pode reagir com o autodesprezo: não se cuidando, mostrando-se relaxada com a aparência, visivelmente se tratando mal.

Por outro lado, parece que o que na verdade está oculto na atitude manifesta de não parecer bem é o desejo de também ser valorizada, elogiada, *ser vista* em sua singularidade. Mas, como falsamente acredita que o que lhe resta para sobreviver naquele ambiente é desmerecer-se, passa a acentuar as diferenças, tornando-se diminuída e distanciada da família e dela mesma, de sua verdade.

A atitude de negar o próprio corpo é aprendida e assumida desde a infância em nível inconsciente. Entram aí várias razões históricas para que alguém nem mesmo se permita perceber as próprias sensações e, por esse motivo, não saber expressá-las. Não assumir essas sensações é o mesmo que impedir o corpo de ser ele mesmo, negando-lhe a possibilidade de ser livre.

A autoimagem, quando comprometida, leva a pessoa a ver a si mesma sem base de realidade. Há pessoas que, mesmo não estando fora do peso, acham-se gordas e sempre com necessidade de algum regime. Privam-se de alimentos, fazem ginástica e, o que é pior, nunca se sentem satisfeitas. O único recurso de que dispõem é a autopunição. Pensam que estão se punindo por causa da gordura, mas a realidade é outra: não estão satisfeitas com a imagem que construíram de si mesmas e a veem refletida no espelho, independentemente do seu peso real. Pode ajudar, nesse sentido, terem uma imagem corporal clara, podendo reproduzi-la de modo adequado.

A probabilidade de vivenciar com desagrado o próprio corpo (forma característica da experiência do "corpo alienado"), o mal-estar, a timidez ou a vergonha são tanto mais fortes quanto maior a desaprovação entre o corpo socialmente exigido e a relação prática com o próprio corpo imposta pelos olhares e as reações dos outros[6].

Também existe muito descuido com a manutenção do corpo: a alimentação não adequada ou escassa (nem sempre por falta de recursos, mas até por modismos que levam a dietas exageradas), número reduzido de horas de sono ou de descanso, inexistência de lazer ou de algum exercício físico (pelo menos caminhadas ao sol da manhã) etc. Nessa linha está a cultura do bronzeado, não só do natural, em que se correm riscos seríssimos para a saúde com a exposição excessiva ao sol, mas também do artificial, que é seguida sem o cuidado de se entrar em contato consigo mesmo para perceber, na verdade, o quanto atende às suas necessidades ou apenas lhe causa danos. As formas de negação do corpo são inúmeras, podendo levar a desvios bastante graves.

O extremo desta alienação do corpo é o vício das drogas; mas, no meio-termo, as pessoas, especialmente os homens (embora também as mulheres), estão fora de contato com suas sensações, sejam elas boas ou não. São incapazes de sentir amor, incapazes de sentir êxtase, incapazes de chorar, incapazes de odiar, e vivem quase o tempo todo em suas cabeças, desligados do resto do corpo. A cabeça é vista como o

---

6. BOURDIEU, PIERRE, *A dominação masculina*, Rio de Janeiro: Bertrand, [6]2009, 81.

Centro, a mesa de controle, o computador que reina sobre o restante do corpo, o qual é apenas uma máquina planejada para trabalhar e executar determinadas funções. Sensações, boas ou más, são consideradas obstáculos para um funcionamento adequado[7].

O desejo de retardar o efeito do tempo sobre as formas físicas, para algumas pessoas, evidente em vários casos, vai além dos limites, muito mais agredindo o corpo do que o favorecendo. Entram aqui as cirurgias plásticas desnecessárias, as lipoaspirações e outros procedimentos que, mais do que amenizar algum traço incômodo, inúmeras vezes tornam a aparência artificial. Não se busca apenas impedir ou retardar o envelhecimento, mas é como se viver o avanço natural da idade fosse menos digno.

O corpo do idoso, enrugado e flácido, também é negado e visto até com certo desprezo, quando não se leva em conta que sua dignidade de pessoa continua intacta, inalterada. Suas rugas são marcas gloriosas de uma história, de uma vida de serviços prestados, de quem se expôs mais ou menos heroicamente em benefício de tantas outras pessoas. É como se, de algum modo, sua presença pudesse, como num espelho, causar incômodo, denunciando o processo inevitável da vida.

O envelhecimento é também acompanhado pela perda gradativa de nossa identidade; de certa forma ela nos é tomada, a unicidade sendo substituída pelo enquadramento numa categoria genérica. Passamos a ser um dos velhos, os veteranos. Os idosos se ressentem profundamente disso[8].

---
7. STEINER, CLAUDE, *Os papéis que vivemos na vida*, Rio de Janeiro: Artenova, 1976, 83.
8. TANNER, IRA J., *Solidão. O medo do amor*, Rio de Janeiro: Record, 1977, 127.

Quando não toma consciência do que está acontecendo em seu corpo, ao sentir dor de cabeça ou insônia, por exemplo, a pessoa toma um comprimido ou acende um cigarro, sem primeiro procurar saber o que a dor ou a falta de sono quer expressar. Seria quase uma tentativa de fazê-lo calar sem se perguntar: "O que este sintoma tem a ver comigo agora?"; "O que a insônia quer me dizer a respeito de minha vida neste momento?".

O hábito de buscar a solução fora de si, no remédio, no cigarro ou em outros subterfúgios, antes de descobrir as razões de seu corpo, é ainda uma forma de negar-lhe a possibilidade de revelar algo mais profundo. Do mesmo modo, essa atitude, bastante comum em nossos dias, pode levar à dependência medicamentosa e, até mesmo, ao desenvolvimento de um comportamento autodestrutivo.

O toque, elemento essencial à vida

Os encontros interpessoais já não acontecem hoje como se desejaria. Os serviços de entrega em domicílio, o recurso da internet para pagamentos e outros contatos e o uso indiscriminado do celular têm favorecido que as pessoas saiam menos para encontros sociais e até para fazer compras.

Uma série de facilitações possibilita atualmente a muitas pessoas trabalharem em casa, sem precisar enfrentar o trânsito, seja de carro, de ônibus, de bicicleta ou mesmo a pé. Além disso, embora o ser humano seja um ser social, os encontros virtuais, mesmo sem necessidade real, têm sido muito mais valorizados do que os presenciais.

Medos em geral têm levado o ser humano a construir muros que afastam e isolam. Por outro lado, poucas pontes, que facilitem os encontros, têm sido construídas. A convivência entre as pessoas foi se modificando ao longo dos séculos. Cada vez mais, viver vem se tornando uma experiência solitária.

Talvez temendo a intimidade ou uma invasão mesmo involuntária de sua privacidade, o ser humano contemporâneo foi aos poucos deixando de lado os contatos sensoriais. Parece ter mais gosto em relacionar-se com objetos pessoais, lançando-se sempre mais ao consumismo, do que ao encontro com seus iguais humanos. Nesse caso, o toque, essencial para a vida de muita gente, tem-se mostrado algo impraticável, até ameaçador.

> O tato é a origem de nossos olhos, ouvidos, nariz e boca. Foi o tato que, como sentido, veio a diferenciar-se dos demais, fato este que parece estar constatado no antigo adágio "matriz de todos os sentidos". Embora possa variar estrutural e funcionalmente com a idade, o tato permanece uma constante, o fundamento sobre o qual se assentam todos os outros sentidos[9].

A experiência tátil é considerada fundamental ao crescimento e ao desenvolvimento não apenas do ser humano, mas também dos outros mamíferos e não mamíferos. A carência de estimulação tátil tende a levar a pessoa a uma vida de insatisfação emocional. Para que o organismo sobreviva, desde que nasce deve ser tocado, receber estímulos. Caso contrário, pode chegar à morte.

> Afastar o recém-nascido de sua mãe e colocá-lo de costas ou de barriga sobre a superfície plana, frequentemente sem revestimento, é deixar de compreender a grande necessidade que ele tem de ser envolvido, de receber apoio, de ser em-

---

9. MONTAGU, *Tocar*, 22.

balado e recoberto por todos os lados; é deixar de perceber que o bebê só gradualmente será capaz de introduzir-se no mundo de espaços abertos[10].

O contato físico é essencial à vida, porque estimula a consciência do estar presente. A falta de estimulação pode levar ao marasmo que acarreta a morte. A intimidade física, tão necessária entre mãe e filho, denota como essa mãe se relaciona com a própria sexualidade. Se lida bem com seu corpo, sem constrangimento, será capaz de amamentar e de cuidar bem do corpo da criança.

Cada contato da mãe com o filho é uma oportunidade para que esta possa experienciar o prazer da intimidade ou para ser repelida pela vergonha e medo desta intimidade. Quando a mãe receia a intimidade, o filho sente este temor, e o interpreta como rejeição. O filho de uma mulher que tem vergonha de intimidade crescerá com um sentimento de vergonha em relação ao seu próprio corpo[11].

Lembro-me daquela senhora de meia-idade, mãe, avó, que começou a ter aulas de ioga. No primeiro dia, o professor pediu a todas as presentes que se sentassem sobre suas esteiras e tocassem os próprios pés. Ela ficou maravilhada com a experiência. Pela primeira vez, de modo consciente, tocou seus pés, seus dedos, estando atenta ao que sentia. Nunca tinha feito isso, nem mesmo durante o banho diário, porque não dava atenção ao toque do corpo. Esse fato parece não ser tão raro assim na vida de muita gente.

Desde muito cedo somos acostumados a não nos tocar, e quantas vezes também o olhar tem sido desencorajado! Dei-

---
10. Ibid., 281.
11. LOWEN, O corpo traído, 111.

xando de entrar em contato com nosso corpo e com o que sentimos, é como se vivêssemos em um "corpo alugado", em que precisássemos perguntar ao "proprietário" quando ele nos autoriza a mexer aqui ou ali. O toque nos genitais, por outra parte, não só não é estimulado, para se evitar a masturbação, como também é rotulado como proibido e, em algumas culturas, como pecado. Essa ideia tem favorecido uma falsa noção do sacramento da Penitência, ao mesmo tempo que tem estimulado o cultivo do sentimento de culpa.

É pelo contato de uns com os outros, através dos sentidos externos, que podemos nos comunicar e, dessa forma, sair da esterilidade do isolamento, para descobrirmos a riqueza de sermos gente, de constituirmos unidade. Aliás, a busca semi-inconsciente de toda pessoa humana e dos povos pela paz nada mais é que a expressão da sede de unidade, harmonia e integração no todo.

No século XIX, mais da metade dos bebês morriam durante o primeiro ano de vida, geralmente de uma doença chamada *marasmus*, palavra grega que significa "definhar". A doença era conhecida também como atrofia ou debilidade infantil. Inclusive na década de 20, a taxa de mortalidade para bebês com menos de um ano, em diversas instituições e orfanatos espalhados pelos Estados Unidos, rondava perto de 100%[12].

Nos primeiros meses de vida do recém-nascido, mãe e bebê constituem-se nos únicos elementos de um mundo ainda restrito. Isso se constata de diversas formas, mas sobretudo no crescimento e no desenvolvimento da sensibilidade tátil, diferente no bebê que recebe uma quantidade adequada de estimulação, de toques, em comparação ao que recebe quan-

---

12. Ibid., 104.

tidade inadequada. "Quando a necessidade que a criança tem de intimidade física, contato corporal e gratificação erótica oral não é satisfeita nos primeiros anos de vida, ela é então transferida aos sentimentos sexuais que se desenvolvem durante o período edipiano"[13].

Um bebê que não recebeu estimulação na pele, ou seja, não foi adequadamente tocado, abraçado, aconchegado, carregado no colo, poderá ter dificuldades futuras quanto a lidar com seu corpo, ou apresentará disfunções sexuais em sua vida adulta. Voltaremos ao assunto ao tratarmos sobre as fases do desenvolvimento da sexualidade.

Montagu afirma que há evidências indicando claramente que a pele é o órgão sensorial primário para o bebê humano, e que, durante seu período de ligação afetiva reflexa, a experiência tátil é o elemento crítico para a continuidade do seu crescimento e desenvolvimento. Vários tipos de toque são citados ao referir-se às funções táteis da pele e de sua importância para o comportamento humano.

Falamos de "dar uma esfregada" numa pessoa, significando repreendê-la, e de "dar-lhe um toque", querendo dizer conscientizá-la amorosamente; [...] Falamos do "toque pessoal" para nos referirmos a algo mais do que um ato mecânico descuidado; [...] Falamos de uma pessoa que tem "um toque feliz", de alguém que tem um "toque mágico", de um terceiro dotado de "um toque humano" ou "delicado"[14].

Podemos ainda nos referir a alguém que seja indelicado como "sem tato" ou a uma pessoa superficial como alguém que "não sai do nível da pele", ou ainda, quando alguém se emociona, dizemos que "ficou tocado". O mesmo autor consi-

---

13. Ibid, 112.
14. MONTAGU, Tocar, 27.

dera o encontro sexual como a mais completa forma de toque. A estimulação sensorial é fundamental à vida.

Crianças de orfanatos superlotados, que não são tocadas com frequência, têm uma média maior de mortalidade. Para que nossos tecidos sejam nutridos adequadamente, o sangue precisa irrigá-los. Para que o sangue flua, os músculos e os tecidos de ligação deverão ser flexíveis, elásticos, ágeis, sem bloqueios ou nós que os constrinjam. Para que nossos músculos estejam elásticos e flexíveis, a energia sensorial precisa correr livre e suavemente através do corpo para controlar, unificar, tornar íntegro (santo) este corpo. Assim, o corpo poderá resistir às doenças, protelar o avanço da velhice e usar a energia disponível para servir a Deus com mais eficiência (ou para qualquer outro fim que se tenha em mente)[15].

O psicoterapeuta René Spitz, em uma de suas obras[16], relatou a experiência de observação que fez em duas instituições nos Estados Unidos: uma creche, anexa a uma instituição penal, e a Casa da Criança Abandonada, que atendia crianças filhas de mães sem condições de se sustarem e a seus filhos.

Ambas apresentavam semelhanças em vários aspectos: localizavam-se em lugares fora da cidade e eram cercadas por árvores. A higiene era rigorosamente observada, e todos os visitantes só eram admitidos após lavarem as mãos e vestirem aventais esterilizados. Os recém-nascidos eram separados dos mais velhos e cuidados individualmente. A comida, bem preparada e variada, adequava-se às necessidades das crianças.

A amamentação no peito era comum em ambas as instituições, embora na Casa da Criança Abandonada as crianças

---
15. LEVY, RONALD B., *Só posso tocar você agora*, São Paulo: Brasiliense, 197, 92.
16. SPITZ, RENÉ A., *O primeiro ano de vida*, São Paulo: Martins Fontes, ²1982, 43-46.

fossem incentivadas a usar mais as mamadeiras e a deixar a amamentação no peito. Enquanto isso, na creche, grande parte dos bebês era amamentada até os três meses. Também o atendimento médico era adequado, embora na creche os médicos só vissem as crianças quando chamados. Na Casa da Criança Abandonada, porém, o médico chefe e sua equipe visitavam as crianças todos os dias.

A constatação mais significativa para Spitz refere-se ao contato pessoal com as crianças. As da creche eram cuidadas e alimentadas por suas mães, as quais eram orientadas e supervisionadas pelas enfermeiras sobre os cuidados para com suas crianças. Se alguma mãe precisasse afastar-se de seu bebê, a mãe de outra criança a substituiria.

Na Casa da Criança Abandonada, a enfermeira-chefe e as cinco enfermeiras ficavam ocupadas não só com as crianças, mas também supervisionavam o preparo, a organização e a distribuição da alimentação. Além disso, lavavam, limpavam e trocavam as fraldas dos bebês. A mamadeira era fixada no berço e, enquanto as crianças eram alimentadas ou pesadas, pelo menos uma das enfermeiras precisava sair do local para realizar outras ocupações. Nesse caso, o contato de cada criança com uma enfermeira era insuficiente para suprir suas necessidades de atenção.

Na creche, cada criança tinha vários brinquedos à disposição e mais alcance visual, não só pela paisagem que podiam avistar pela janela, mas também porque tudo no ambiente fora previsto adequadamente baixo para facilitar o olhar através das vidraças.

Por outro lado, na Casa da Criança Abandonada, os brinquedos eram escassos, o alcance visual limitado e o ambiente frio e sem movimento, a não ser pela presença das enfermeiras nos períodos de alimentação ou de higiene das crianças. Outra prática comum nessa instituição era a de cobrir as grades dos pés e dos lados do berço, impedindo que tivessem qualquer contato visual para fora dele. Apenas o teto era visível, porque as crianças ficavam deitadas de costas, sem condições de se virar sozinhas. Por falta de estimulação adequada, o desenvolvimento das crianças da Casa da Criança Abandonada era prejudicado, enquanto as da creche desenvolviam-se normalmente.

Esse exemplo parece ilustrar bem a necessidade do contato físico para o desenvolvimento e o crescimento saudável do bebê. O tipo de toque recebido afeta de modo particular o desenvolvimento inicial de seu sistema nervoso. Uma estimulação tátil adequada é fundamental para seu desenvolvimento saudável. Quando isso não acontece, pode ocorrer o marasmo e, em inúmeros casos, a morte.

Estimulação externa é essencial para o crescimento e o desenvolvimento de todo organismo vivo. Inúmeros estudos com animais demonstraram que aqueles que foram estimulados depois do nascimento apresentavam comportamentos emocionais, urinavam e defecavam menos. Também demonstravam interesse maior de entrar em contato com ambientes novos do que outros animais que não tinham recebido estimulação antes de serem desmamados.

Para uma pessoa que não recebeu estimulação de qualidade, fica muito difícil ter contato com seu corpo e com o corpo de outras pessoas. Essa repressão, quando assimilada, pode levá-la a indisposições físicas e a bloqueios que a impeçam de um contato mais próximo. Quantas somatizações acontecem em decorrência da falta de estimulação e de afeto! A carência de toques suficientes e adequados na infância poderá acarretar futuros transtornos quanto ao contato íntimo com o próprio corpo, com a sexualidade e a afetividade.

O ato de coçar as costas, tão comum para alguns homens, está ligado a um componente de alívio de tensão. Da mesma forma funciona o costume de esfregar o dorso da mão. Para as mulheres, para quem a estimulação tátil tem mais relevância que para os homens, outros toques são usados para baixar o nível de ansiedade ou para expressar perplexidade, tais como: morder a ponta do polegar ou apertar o indicador sobre os lábios. Daí também sua reação indignada diante de um toque indesejado.

Ainda que o toque não necessite ser diretamente físico, é uma coisa do corpo. [...] Quando envio uma mensagem de amor, medo, ressentimento ou disponibilidade, também recebo uma mensagem de volta. Esta é a magia real do toque. Seja a maneira pela qual eu tocar por palavras, mão, olhar ou gestos – se a minha procura é clara e direta, não só produzirei uma sensação no outro, mas também produzirei uma sensação em mim mesmo[17].

Corpo como símbolo, sinal sensível

O ser humano vive cercado de sinais e precisa deles como instrumentos para sua interação com a realidade. Podemos fazer uma coleção de todos os que vamos encontrando em nosso dia a dia. Basta olharmos para um deles para lembrarmos o que nos sinalizam: o time, o clube, as empresas com seus vários logotipos, e assim por diante.

Existe no homem um desejo íntimo de comunicação, o que inclui entre as pessoas a necessidade de exprimir-se através do que aparece externamente, isto é, do corpo e dos gestos. O segredo de uma pessoa só pode ser aos poucos desvendado pelo que essa pessoa quiser revelar de si e pelo que cada um

---

17. LEVY, *Só posso tocar você agora*, 89.

de nós quiser aceitar dessa revelação pela fé (mesmo humana). Isto é respeito pelo outro, isso é fundamentalmente amor. Em plano de universo, toda a criação tem algo a nos dizer de si mesma como maravilha de unidade e beleza, tem muito a nos revelar do autor de todos os valores[18].

Em nosso mundo cada vez mais apressado, tão às voltas com desempenho e resultado, em que vamos tropeçando nas pessoas e nas coisas, precisamos aprender a entrar em contato com o que acontece a nossa volta. Caminhamos como que distraídos ao que se passa ao nosso redor, porque, em primeiro lugar, vamos andando alheios de nós mesmos, sem atentarmos para o que carregamos de mais importante em nosso íntimo.

Por vezes também, até vamos vivendo bastante distanciados desse nosso mundo interior, continente de nossos desejos mais íntimos e de nossas emoções. Em geral, focamos nossos compromissos na meta aonde queremos chegar e perdemos muita coisa da paisagem que nos cerca e que também faz parte de nossa vida. Está faltando uma mudança no modo de vermos a realidade externa, porque parece faltar um olhar mais cuidadoso para nós mesmos, para a realidade interna.

Precisamos educar nosso olhar para que seja mais atento, de modo que nos permitamos ir mais fundo, saindo das aparências para podermos chegar a um nível de contemplação do substancial. Só assim teremos um encontro de vida que nos possibilite perceber o valor simbólico de tudo.

Ao olhar uma coisa pelo lado de dentro, não me encontro nela, mas no valor e no sentido que ela assume para mim. Ela deixa de ser coisa para se transformar num símbolo e num sinal que me e-voca, pro-voca e con-voca para situa-

---
18. LACERDA, M. P. DE, *Os sete sinais do amor*, São Paulo: Paulinas, 1979, 13-14.

ções, reminiscências e o sentido que ela encarna e expressa. Sacramento significa exatamente essa realidade do mundo que, sem deixar o mundo, fala de um outro mundo, o mundo humano das vivências profundas, dos valores inquestionáveis e do sentido plenificador da vida. Compreender este pensar é abrir-se para a acolhida dos sacramentos da fé. Eles radicalizam os sacramentos naturais nos quais vivemos em nossa diuturna quotidianidade[19].

O sentido do corpo, sinal sensível que nos abre para descobrirmos o mundo a nossa volta, leva-nos a dar conta de que com nossa corporeidade somos presença do divino. Ao descobrirmos o imenso Amor de Deus, sedento de revelar-se, encontramos a resposta ao desejo insaciável do ser humano de encontrar-se com a felicidade.

A seguir refletiremos sobre o limite tênue entre o que seduz e o que escraviza. Ainda parece persistir muita atitude equivocada, muita confusão nesse sentido. Convido você para refletirmos sobre o assunto no próximo capítulo.

---

19. BOFF, LEONARDO, *Os sacramentos da vida e a vida dos sacramentos*, Petrópolis: Vozes, 1975, 20.

SEDUÇÃO OU ESCRAVIDÃO?

O corpo humano, principalmente o feminino, tem sido objeto de admiração pelo olhar dos artistas de todos os tempos. Pintores, escultores, poetas e prosadores o tem exaltado incansavelmente. Muitos, com a habilidade pela qual merecem ser contados entre os mais importantes escritores brasileiros ou estrangeiros, descrevem em cores vivas inúmeros tipos de mulher.

Retratam a realidade de sua relação díspar com os homens, coisa que ainda hoje podemos verificar: a mulher colocada como objeto a serviço do homem, sempre disponível para satisfazer seus caprichos eróticos, sendo olhada nos detalhes que favorecem tal tendência. Como objeto de consumo, vem apresentada com pouca roupa, associada à venda de carros, cerveja, cigarro e outros itens que favoreçam a cupidez masculina.

Existem aspectos biológicos atribuídos ao feminino que se baseiam, sobretudo, nas diferenças entre homem e mulher: olfato mais aguçado, cintura fina, pelos escassos pelo corpo, costas mais estreitas e quadris mais largos, em proporção ao tamanho do corpo.

Em termos psicológicos podem ser citadas: intuição mais acentuada, boa fluência verbal. A intuição, tão própria das mulheres, tem sido ignorada como qualidade feminina. As mulheres identificam muito mais rapidamente uma emoção e são muito mais sensíveis que os homens às expressões não verbais. Quanto às diferenças sociais: cuidado consigo mesmas, com sua aparência pessoal, com as pessoas e com o ambiente em que vivem ou trabalham.

Durante a vida ocorrem comportamentos que, longe de ser improvisados, têm sua origem em pequenas decisões, tomadas desde a infância. Acontecendo em nível menos consciente, expressam-se na forma de imitação de modelos ou como reprodução de *scripts* ou papéis, como em uma peça de teatro, em que cada ator ou atriz representa o seu.

A escolha de papéis

Desde o nascimento, o bebê usa uma série de mecanismos que aos poucos assume, sempre que precisa ser reconhecido. Ao chorar, manifestando fome ou desconforto, mesmo ainda não tendo consciência, sente-se bem ao ser amamentado, ao ter as fraldas trocadas ou ser aconchegado no colo. Nessa idade, chorar para conseguir ser visto ou para satisfazer necessidades básicas é inteiramente aceitável. Com a aquisição da consciência, pode com o choro despertar para a sensação de domínio sobre as pessoas e chegar a manipulá-las. A primeira vez que joga a chupeta ou algum outro objeto que lhe é devolvido imediatamente, tende a continuar a jogá-lo pelo simples prazer de sentir que tem poder.

A submissão ou a rebeldia também são escolhas que a criança faz por necessidade de adaptar-se ao ambiente.

Imagine-a querendo ser atendida pela mãe ou pelo pai que continua a fazer sua atividade sem lhe dar atenção. Esse pequeno ser não precisa de muito tempo para perceber, sempre de forma inconsciente, qual atitude tomar para conseguir a atenção desejada.

Poderá optar por puxar a toalha da mesa por "distração", derrubando pratos, talheres e tudo mais que houver em cima. Ou, como outra opção, poderá sentar-se em algum canto, em silêncio, até que alguém venha a seu encontro. Em ambos os casos, alcançará seu objetivo, mesmo que esse venha em forma de repreensão ou de algumas palmadas, porque, pelo menos, foi vista e tocada.

A atuação dos adultos, de modo especial da mãe e do pai, é decisiva para que a criança descubra que pode ser ela mesma simplesmente, ou que precisa representar papéis para viver. Aos poucos vai percebendo quais as expectativas dos pais a seu respeito, assumindo comportamentos que, a seu modo, acredita sejam os adequados para adaptar-se e corresponder ao ambiente. É evidente que esse tipo de decisão é precipitada, não consciente. Não é fruto de sua liberdade, mas apenas se sente levada a tomá-la. Entretanto, essa conduta poderá instalar-se sem maior consciência, passando a fazer parte de seu modo de ser.

Desde muito cedo as crianças aprendem papéis e são até coagidas a adaptar-se a eles. Os meninos são incentivados ao uso mais acentuado da razão e a desenvolverem o pensamento em bases lógicas. Não são incentivados a desenvolver habilidades que enfatizem o cuidar, seja de crianças, seja de outras pessoas. Ao contrário, espera-se que sejam fortes, racionais, não sejam emotivos nem demonstrem muito afeto.

Normalmente a imagem ideal sobre as meninas está ligada mais ao lado de fora. Espera-se que sejam adaptáveis a todas as situações. São estimuladas a criar e a cuidar dos futuros filhos, maridos e de outras pessoas, precisando para isso ser protetoras para se sentirem no direito de viver. Em tal sentido, sua intuição é bem aceita, já que devem estar disponíveis para acolher e mostrar cuidado.

A mulher "ideal", ou "bonequinha", tende a ter braços fracos, unhas compridas que provocam o uso ineficaz das mãos, cintura fina, estômago reto, pernas longas e finas, que não são particularmente fortes, mas possuem boa aparência, pés estreitos e pontudos, não bem fixos no chão, e seios que não possuem sentimentos. O assunto dos seios da mulher é particularmente importante. Eles são tão julgados e comparados com a imagem "das revistas" do que devem ser seios bonitos, que frequentemente tornam-se despidos de sentimentos. Tendem a se fazer sentir como se não pertencessem à mulher, e sim comandados e possuídos pelos outros por causa do seu valor visual[1].

É bastante comum encontrarmos crianças que assumem papéis de personagens de contos infantis, heróis ou vilões, fadas, princesas ou bruxas. Que isso aconteça na infância, momento em que se trabalha a fantasia, é compreensível. Mas o que vemos é que algumas pessoas chegam à idade adulta ainda tendo necessidade de viver papéis, porque não se sentem seguras a respeito de sua identidade.

Encontramos inúmeras "belas adormecidas" à espera do príncipe que virá acordá-las para a vida com um beijo; ou "chapeuzinhos vermelhos" desejando viver a ambiguidade do desejo de que o lobo mau apareça logo para "salvá-las" de uma vida monótona, sem atrativo sexual, ou à espera do caçador que as resgatará e com quem estarão protegidas.

---

1. STEINER, *Os papéis que vivemos na vida*, 163.

Também os homens vivem fantasias e papéis. Basta lembrar os inúmeros "Don Juans" que saem à caça do maior número de mulheres que possam conquistar; ou ainda os heróis infantis que continuam a povoar a fantasia dos que, a todo custo, querem ser reconhecidos pela força física ou pela coragem semelhante à do Batman, do Zorro ou de alguma outra personagem que assumam como se fossem eles mesmos.

O tipo menina-moça ou mulher erotizada, papéis escolhidos e assumidos também de modo inconsciente, tem motivações diversas na sua gênese. Seu alvo de "ataque" é direcionado a tipos diferentes de homens.

Há uma série de papéis sociais que vão sendo assumidos e usados sem muita consciência. É comum encontrarmos pessoas que se apresentam sob a tutela de outra, como "filha de fulano" ou "esposa do doutor tal", ou assumindo a personalidade da coisa: "Sou o presidente daquele clube", e assim por diante. Escondem, assim, o verdadeiro *eu*, porque estão sempre à sombra de alguém ou de alguma posição social.

Quem procura fortalecer a própria identidade, conhecendo seu potencial, sua riqueza interior e suas habilidades, não tem necessidade de viver papéis. As diferenças individuais fazem do ser humano um *ser único*, por isso não faz sentido imitar a quem quer que seja para lhe ser igual.

A construção da feminilidade

Ao longo da história, as mulheres têm sido constituídas como objetos de cobiça, cuja existência está em função dos olhares e da aprovação de outras pessoas. Tal atitude tem favorecido que se estabeleça para elas grande insegurança quanto a sua imagem corporal.

Delas se espera que sejam "femininas", isto é, sorridentes, simpáticas, atenciosas, submissas, discretas, contidas ou até mesmo apagadas. E a pretensa "feminilidade" muitas vezes não é mais que uma forma de aquiescência em relação às expectativas masculinas, reais ou supostas, principalmente em termos de engrandecimento do ego².

Alguns padrões de beleza impostos às mulheres pela cultura têm se mostrado recursos contra a saúde. O uso de espartilho em países da Europa e nos Estados Unidos, no início do século XX, foi muito nocivo à saúde feminina, causando desde a insuficiência respiratória à atrofia dos músculos das costas e problemas no estômago.

As argolas no pescoço das mulheres-girafa, como são comumente chamadas na Tailândia e em países da África e da Ásia, embora símbolos de feminilidade nesses lugares, chegam a tornar as mulheres dependentes de seus maridos. Algumas versões sobre esse costume milenar incluem punição para as adúlteras, proteção contra ataques de tigres e expediente usado por alguns homens para torná-las feias, temendo que fossem raptadas.

Nessa mesma linha está o antigo costume dos pés-de-lótus ou pés-de-ligação em algumas províncias chinesas, em que os pés de meninas e jovens eram rigorosamente apertados, ficando deformados, em sapatos minúsculos, a fim de dificultar ao extremo o crescimento dos pés. No passado, o objetivo dessa prática era conseguir que os pés das mulheres ficassem muito pequenos, o que para aquela cultura significava sensualidade e, quanto menores, mais homens se interessariam por elas; portanto, seria mais fácil arranjarem casamento. Na verdade, isso levava as mulheres a caminhar

---

2. BOURDIEU, A dominação masculina, 82.

mais lentamente, a não ter autonomia, o que também tendia a torná-las mais submissas aos homens. Apenas no século XX os pés-de-lótus foram proibidos pelo governo chinês.

As dietas alimentares buscadas em vista de se conseguir um corpo atraente, em muitos casos, resultam em danos graves, por vezes irreversíveis, quando não levam à morte. No caso, vale lembrar a anorexia, distúrbio que consiste na redução ou perda total do apetite, e a bulimia, que, por trás de um apetite insaciável, também revela o desejo de emagrecer, tanto que a pessoa, depois de comer, chega a provocar o vômito. Ambos os casos, extremos, têm como finalidade não engordar para manter a forma.

E para compreender a "dimensão masoquista" do desejo feminino, isto é, esta espécie de "erotização das relações sociais de dominação", que faz com que, para muitas mulheres, a posição dominante dos homens seja excitante, é preciso levantar a hipótese de que as mulheres pedem aos homens (e também, mas secundariamente, às instituições do complexo moda/beleza) que lhes ofereçam subterfúgios para reduzir seu "sentimento de deficiência corporal"[3].

Há meninas em nossos dias que são introduzidas ao mundo da sensualidade e do glamour pelos próprios pais, que as incentivam a participar precocemente de concursos de beleza. Crianças que mal saíram das fraldas são levadas a queimar as etapas necessárias da infância, usando maquiagem, cabelo penteado como mulher adulta, vestindo roupas sensuais. Inúmeras vezes desfilam e fazem poses ou passos de dança com forte apelo sexual, como caricaturas de adul-

---

3. BARTKY, SANDRA LEE, Femininity and Domination, apud BOURDIEU, A dominação masculina, 85.

tas, com a torcida de mães, pais e avós, tudo por um prêmio em dinheiro. Toda essa parafernália é organizada sem nenhum cuidado com as marcas negativas que lhes ficarão impressas. Tais práticas introduzidas há algum tempo em outros países parecem mostrar a falsa necessidade de aprenderem como ser sedutoras desde muito cedo.

A construção do feminino, ao mesmo tempo que vem associada à sensualidade e ao consumismo, parece estar ligada a uma expectativa que passa a ser resposta a padrões estabelecidos por outras pessoas. Se não forem atingidos, resta o recurso de modificar o corpo. O uso de cosméticos costuma ser associado à feminilidade, embora hoje muitos homens também simpatizem com essas soluções. Esses recursos parecem confirmar o quanto é difícil entrar em contato com esse corpo para conhecê-lo e conviver com ele como aliado, não como opositor a ser vencido.

Muitas pessoas fazem do corpo um acessório da presença, um lugar da representação de si. A vontade de transformar o próprio corpo tornou-se um lugar-comum. Se, tempos atrás, a alma ou a mente eram opostos ao corpo, hoje a versão moderna do mesmo dualismo opõe o homem ao próprio corpo[4].

O tempo também passa pelo corpo que, ao envelhecer, apresenta marcas, seja na pele, na forma de rugas ou flacidez, seja no físico, com movimentos mais lentos, pouco seguros. Por vezes, tais marcas se apresentam até no raciocínio. O envelhecimento nada mais é do que o resultado da ação de vários elementos sobre o corpo. Não aceitar os limites e as im-

---

4. ADITAL, O corpo em jogo. Um diálogo distorcido entre o "eu" e a carne, 16 abr. 2011, tradução de Moisés Sbardelotto. Disponível em: ‹https://www.ihu.unisinos.br/noticias/42464-o-corpo-em-jogo-um-dialogo-distorcido-entre-o-eu-e-a-c'arne›. Acesso em: jun. 2023.

perfeições da idade pode levar a cuidados excessivos quanto à alimentação e ao bem-estar em geral, beirando à patologia. Massimo Recalcati, psicanalista e ensaísta italiano, afirma que o ideal do corpo em forma, do corpo *fitness*, do corpo saudável, tem sido abraçado como um mandamento social inédito: o endeusamento do próprio corpo como uma nova religião, que se desmembra em várias seitas.

> Trata-se de uma religião sem Deus que eleva o corpo humano e a sua imagem ao *status* de um ídolo. Assim, o corpo sempre em forma, obrigatoriamente saudável, assume as características de um dever-ser tirânico, de uma obstinação psicótica, de uma prescrição moralista: ama o teu corpo mais do que a ti mesmo[5]!

Um fato que presenciei trouxe-me muitos elementos de reflexão sobre o assunto. Passando por uma rua do bairro onde moro, chamou-me a atenção um casal, bem pobre. Ele, carrinheiro, puxava seu veículo precário. Dentro dele, ia a companheira, relativamente jovem como ele, mal arrumada, roupa suja e surrada, pele desgastada, aparentando ser a rainha daquele carrinho. Em meu rápido contato, pude perceber que eram semianalfabetos e não eram casados oficialmente.

Haviam levantado cedo para recolher papel, papelão e outros materiais recicláveis, batalhando o dia inteiro pelas ruas por sua sobrevivência, em contato com todo tipo de poluição e discriminação. Ele e ela pareciam ter sido engolidos por um mundo que os desmerecia em sua dignidade por causa de sua condição social. Não eram valorizados nem mesmo

---

5. RECALCATI, MASSIMO, apud ADITAL, *Quando a obsessão pelo corpo se torna uma doença*, 27 maio 2011, tradução de Moisés Sbardelotto. Disponível em: ‹https://www.ihu.unisinos.br/noticias/43768-quando-a-obsessao-pelo-corpo-se-torna-uma-doenca›. Acesso em: jun. 2023.

vistos nessa sociedade que leva mais em conta o aspecto externo, o corpo moldado, como resultado de muita malhação na academia. Vieram de lugares distantes em busca de melhores condições de vida e apenas conseguiram estabelecer-se numa periferia, num subemprego.

Observando melhor aquela mulher, dentro de sua simplicidade e do mínimo possível de condições para arrumar-se, percebi que era bastante apresentável, apesar da precariedade das vestes. Estava consciente de que, se não tivesse aquele companheiro, poderia ser abusada por outros moradores de rua e mesmo por outros homens da cidade. Por isso, sentia-se protegida, encontrando nele uma fonte de segurança, naquela frágil situação.

Em uma sociedade consumista, aquela mulher era rejeitada: seu corpo, sua sexualidade e até sua feminilidade eram negados; nada nela demonstrava sensualidade. Estava desprovida de quaisquer atributos externos que lhe valorizassem a aparência, principalmente o corpo. Mesmo dentro de uma história de vida, em que nunca havia sido levada a sério, via-se naquele momento como mulher.

O corpo tem a ver com nossa identidade pessoal. Ao mesmo tempo que sujeito aos olhares e à avaliação das outras pessoas, sugere elementos para sua imagem social. É nele também que se apresentam de modo visível a inadequação, a impotência e outros sentimentos negativos. Por essa razão, encobri-lo com tatuagens ou modificá-lo buscando um visual bonito e sedutor com plásticas, aplicações de *botox* ou lipoaspirações torna-se alternativa para sentir-se inteiro e não correr o risco de desmoronar.

O corpo feminino erotizado, porém, não é visto em geral na literatura e na mídia como aliado ao amor. Ao contrário, é parte do jogo de sedução, ligado ao prazer sem compromisso. É como se nada mais restasse, como se a pessoa se reduzisse a um corpo frio, sem sentimento. "É sutil a linha divisória entre a normalidade e a patologia na busca das modificações corporais, mas quando se quer 'triunfar' sobre o corpo é, no entanto, uma dor psíquica que é projetada sobre a pele."[6]

Corpo, para quê?

Ter vida própria é uma das características do corpo vivo. É importante que a pessoa tenha consciência da vida de seu corpo como condutor de sentimentos, gestos espontâneos, expressando-se com vivacidade. Fala, canta, salta, tem brilho próprio, do mesmo modo que manifesta todo tipo de percepção; ao mesmo tempo acolhe e instala em si os afetos reprimidos que acabam despontando na forma de somatizações. Um medo não consciente, e por isso não expresso, pode, por exemplo, instalar-se no organismo como um tique: piscar os olhos, sacudir a cabeça, morder os lábios, balançar os pés, e assim por diante.

Uma pessoa pode cultivar insegurança diante de tudo que não tenha possibilidade de controlar em seu corpo a ponto de, em nível subconsciente, ter medo de se movimentar, de falar e até mesmo de respirar. Também por não saber controlar os movimentos involuntários (gestos, risadas e outros) pode querer reprimi-los, favorecendo com isso a instalação de somatizações.

Alguém que tenha dificuldade para sentir seu corpo, pode também não o aceitar ou não se identificar com ele. Em tal situação pode igualmente voltar-se contra ele ou ignorá-lo, por exemplo, tornando-o objeto de desejo ou de sedução por meio de recursos que alterem suas medidas e façam dele um

---

[6]. ADITAL, *De Lacan a Almodóvar. Mudar de vida mudando de pele*, 27, maio 2011, tradução de Moisés Sbardelotto. Disponível em: ‹https://www.ihu.unisinos.br/noticias/43772-de-lacan-a-almodovar-mudar-de-vida-mudando-de-pele›. Acesso em: jun. 2023.

objeto idealizado, inteiramente fora de sua realidade. Quantas moças hoje em dia, tendo as modelos como sinônimo de beleza, fazem dietas, alimentam-se mal, porque querem chegar ao padrão de corpo que é idealizado nesse meio! No caso, o fator preponderante, correspondente ao que o corpo sente, não é valorizado, ao contrário, é negligenciado. "A descoberta de que o corpo possui vida própria e capacidade de se curar constitui uma revelação de esperança. A compreensão de que o corpo tem a sua própria lógica e sabedoria inspira um novo respeito pelas forças instintivas da vida."[7]

Perdura em nossos dias um grande sentimento de inferioridade com relação à mulher, que é desrespeitada em seu corpo, sofre abuso de homens machistas, é marginalizada em sua sexualidade, não tem voz nem vez nas decisões políticas mais importantes, é explorada em ambientes onde predominam os homens, negligenciada em seus desejos e sentimentos e abertamente excluída como material descartável e objeto de zombaria. Por outro lado, existe uma pseudo-exaltação dela e de seu corpo – ver os "açougues virtuais" nas bancas de jornais e revistas.

Embora ainda hoje predominem de modo claro os parâmetros masculinos quanto ao uso do corpo, as próprias mulheres têm assumido um poder de sedução que exercem sobre eles e elas. Basta que se preste atenção aos anúncios publicitários em que o corpo da mulher é oferecido e conhecido, atraindo e seduzindo homens e causando inveja em outras mulheres.

Em geral, os cuidados que é levada a ter não são para ela mesma ou para seu prazer e realização pessoal, mas em grande parte é para atingir um modelo de beleza que outros lhe apresentam como ideal. É estimulada a voltar sua atenção

---

7. LOWEN, *O corpo traído*, 208.

para o externo, a malhar, a cuidar da cultura do corpo; porém, nem sempre tendo como objetivo valorizar-se, cuidar melhor da saúde, mas para, verdadeiramente, competir com outras mulheres ou satisfazer ao homem como seu objeto de desejo.

Quando o corpo não está bem adequado e coordenado, a pessoa pode usar muitas palavras vazias, sem significado, quando na verdade o que falta é o sentimento. Por exemplo, quando se pergunta a alguém: "O que você está sentindo?", em geral, a resposta vem em forma de palavras, verbos, ações que não respondem à pergunta original, como: chorar, rir ou falar sobre outras coisas. A resposta adequada poderia ser: "Estou sentindo alegria" ou "Estou com fome", ou outras.

Normalmente as palavras nos afetam quando carregadas de sentimentos. Nesse sentido, quando alguém diz: "Eu te amo", pode estar expressando desejo de proximidade física, contato afetuoso ou apenas repetindo um chavão vazio, inteiramente desconectado de sentimento. Quem assume o próprio corpo, identifica-se com ele no seu todo, por isso, procura ter atenção para não se deixar envolver apenas pelas palavras.

Uma pessoa sem maior consciência de seu corpo facilmente é levada pela sedução. Por falta de base sólida do sentido corporal, pode ter necessidade de reforço externo. Age como alguém que precisa da confirmação de outras para viver. Seduz ou bajula apenas para expressar uma necessidade extraordinária de apreço. Por outro lado, quem tem consciência de seu valor pessoal está menos propensa à sedução e a seduzir, porque tem mais condições de perceber e conhecer suas necessidades reais, os estímulos externos e, assim, conviver melhor consigo mesma e com seu ambiente.

Seduzir é tirar proveito da necessidade de proximidade que alguém tenha para conseguir um resultado com conotação sexual. Nem sempre os pais têm consciência de suas ações perante os filhos, por exemplo, de beijá-los na boca ou expor seus corpos a eles. Assim, em nome de um afeto mal compreendido, as crianças são conduzidas à submissão justamente por não saberem como reagir ao adulto com quem convivem. Tal situação tende a desencadear ansiedade e culpa, embora a escolha não seja das crianças.

O limite entre sedução e escravidão é bastante tênue. Para seduzir ou para se chegar ao mito do corpo desejado, muitas vezes são usados recursos escravizadores. Na sedução o exterior, o físico, é proposto apenas como fonte de atração sexual; não é considerado em suas sensações nem comporta respeito ou amor.

A sedução leva à falsa conquista pelo simples prazer de conseguir satisfação. Quem seduz acredita estar ganhando, quando, na verdade, não percebe que haja alternativas. Aparentemente tem liberdade, mas apenas demonstra ser escravo de uma crença sem solidez, apoiando-se na fugacidade da beleza física, como se essa fosse o único valor.

A associação que algumas pessoas fazem da mulher com Eva, a primeira e grande sedutora, demonstra que persiste a ideia da sedução feminina. Esse olhar vesgo desrespeita a mulher por apresentá-la dissociada e como não continente ao amor. Ao mesmo tempo, impede que ela seja vista como sinal da presença de algo superior, ou seja, da divindade.

O corpo é a própria pessoa. Por isso, quando alguém o desrespeita, agride sua identidade pessoal. Trataremos desse assunto nas próximas páginas.

O FEMININO REPRIMIDO

A vocação do corpo é a comunicação, com liberdade tanto para receber como para transmitir informação. É na interação entre os seres que nos comunicamos, nos enriquecemos enquanto indivíduos e crescemos em maturidade. Na verdade, isso não tem sido tão simples em vista da crença cultural que estabelece diferenças quanto à supremacia do corpo masculino sobre o corpo feminino. A relação entre mulher e homem, que deveria ser algo realizador, valor a ser preservado, tem se tornado, em muitos casos, instrumento de dominação. A atração natural entre os dois sexos quantas vezes se revela ambivalente! A atitude de quem atrai e sente-se atraída, porque quer caminhar junto, é substituída por outra no extremo oposto.

O amor, que deveria ser motivo de alegria e de esperança, passa a causar insegurança e medo. A mulher acaba sendo subjugada pelo homem que assume o poder de dominador. Nesse caso, ambos vão vivendo e experimentando insegurança, pela ameaça que reciprocamente representam para sua sobrevivência. Para ambos, não apenas para a mulher.

Em geral, os meninos são acostumados a ser másculos, dominadores, a passar uma imagem de superioridade. Se isso não acontecer, são levados a ter a própria masculinidade questionada, a ser vistos como não inteiramente homens, o que para Bourdieu "custa muito", pois acabam sendo vítimas de seu próprio veneno, ou seja, de sua dominação. Por outro lado, ainda perdura em boa parte de nossa sociedade a finalidade subjacente que liga a mulher à função de ser reprodutora e submissa ao homem, e, em muitos casos, submetida a uma relação de violência com seus companheiros.

A desigualdade entre mulheres e homens tem sido recorrente em nossa sociedade durante séculos. Isso se revela no corpo feminino maltratado, traído, rejeitado, aviltado, ferido, traficado, e representa como toda sua pessoa não é considerada devidamente em sua dignidade.

Por que isso acontece? Como toda pessoa violenta e dominadora, o homem, nesse caso, sustenta a fantasia de que a outra pessoa pode de algum modo ser impedimento para sua realização pessoal. Por isso precisa enfraquecê-la, calá-la e até mesmo tirar-lhe a vida. Para tanto, usa inúmeras vezes de força física e de instrumentos externos de agressão.

A insegurança leva também à comparação e, consequentemente, à competição, muito desgastante para quem a pratica, porque injusta e desleal. Sempre alguém sai perdendo em tal disputa, pelo simples fato de que as pessoas são diferentes. Cada uma tem potencial, características próprias, habilidades e também limites; portanto, não há como compará-las.

Em todos os grupos sociais, familiar, profissional, religioso, sempre existe a luta pelo poder. Toda pessoa quer naturalmente autoafirmar-se e ser reconhecida em seus valores e potencialidades. Essa busca inteiramente normal não seria problema se não desembocasse em uma competição desleal, no desejo de querer ser mais que o outro e dominá-lo.

Construindo a repressão

Quando procuramos reprimir alguém, criança, colega de escola ou de trabalho, manifestamos nosso descontentamento puxando seu cabelo, apertando seu braço ou usando qualquer outro meio físico. Exercemos a dominação sobre ele, o desvalorizamos e desnivelamos o relacionamento. Partimos da falsa crença de que lhe somos superiores.

Reprimir uma pessoa é o mesmo que tolher sua individualidade, negando-lhe o direito de desabrochar e ser quem ela é, de ser ela mesma. Quem reprime tem como parâmetro seu modo próprio de ser. Portanto, quando está reprimindo alguém, de algum modo, expressa a repressão que impõe a si mesmo. Deixa de ser quem é ao controlar e acaba vendo na pessoa controlada, como num espelho, a própria imagem refletida.

No mundo, uma visão androcêntrica justifica a força e a dominação masculinas. Como diz Bourdieu, há uma construção social dos corpos no mundo e em suas arbitrárias diferenças, a começar pela divisão social levantada entre os sexos. Tal visão social, responsável pela construção dessa diferença de base, leva a um processo contínuo que se concentra nos relacionamentos de dominação.

> O mundo social constrói o corpo como realidade sexuada e como depositário de princípios de visão e de divisão sexualizantes. Esse programa social de percepção incorporada aplica-se a todas as coisas do mundo e, antes de tudo, ao próprio corpo em sua realidade biológica: é ele que constrói a diferença entre os sexos biológicos, conformando-a aos princípios de uma visão mítica do mundo, enraizada na relação arbitrária de dominação dos homens sobre as mulheres, ela mesma inscrita, com a divisão do trabalho, na realidade da

ordem social. A diferença biológica entre os sexos, isto é, entre o corpo masculino e o corpo feminino, e especificamente a diferença anatômica entre os órgãos sexuais, pode assim ser vista como justificativa natural da diferença socialmente construída entre os gêneros, principalmente, da divisão social do trabalho[1].

A definição social dos órgãos sexuais masculinos e femininos não aconteceu de maneira simples, embora ambos sejam formados por órgãos de igual função (a reprodução), há uma diferença anatômica que os coloca numa relação de "oposição". De fato, no Renascimento, não havia ainda uma descrição anatômica minuciosa do órgão feminino. Isso evidencia a ênfase que já então se dava ao masculino e a pouca atenção ao feminino.

A visão social da supremacia masculina se torna de novo evidente no ato sexual, em que a posição considerada natural é aquela em que o homem fica sobre a mulher, gesto típico de que a possui. Entra aqui igualmente outra construção, segundo Bourdieu[2], de que o relacionamento sexual é uma relação de dominação, de apropriação, de posse, apresentando o homem como ativo e a mulher como passiva. O encontro sexual, nesse caso, está inserido em um contexto de dominação no qual ele age, toma iniciativa, enquanto a ela cabe apenas acolher.

Não por acaso é usado o verbo "comer" para caracterizar a atuação do homem na relação sexual. A mensagem implícita é de ausência de compromisso e de respeito, como se o corpo e a pessoa fossem instâncias distintas, desconectadas, e aquele ato, apenas epidérmico. Tal mentalidade imediatis-

---
1. BOURDIEU, A dominação masculina, 18-20.
2. Ibid., 31.

ta apenas visa ao prazer, excluindo qualquer demonstração de responsabilidade e de compromisso de um ser para com o outro; e isso faz parte de um aprendizado que vai sendo absorvido pelas crianças paulatinamente. Também significa: "Tenho interesse por você *agora*, mas não amanhã. Quero algo que você pode me oferecer, seu corpo, sua beleza, mas não quero você".

Apesar da abertura social que tem facilitado a convivência, permanece uma "moral feminina" esperada e desejada para a mulher, imposta com o maior rigor a ela, seja com relação a roupas (é comum observar moças que sentem dificuldade de andar rápido por usarem saia muito justa, ou a ficam puxando para baixo por ser muito curta), seja quanto a atitudes externas ou mesmo quanto ao seu vocabulário.

Ainda que se afirme que as mulheres já não se importam com regras ou normas, existe de sua parte um cuidado quanto à apresentação e à postura. Por outro lado, ao homem tudo é apresentado como inerente à sua natureza superior, justificando-se, portanto, atitudes nem sempre bem cuidadas.

A dominação de gênero

A virilidade, em geral vista como algo mais nobre e atribuída ao homem, acaba sendo dissociada do aspecto moral ou ético para fundamentar-se apenas nos elementos que evidenciam força física e/ou potência sexual. A força aliada à violência é atribuída ao corpo masculino, que se impregna de poder sobre o corpo da mulher.

Embora hoje seja repelida pela maioria das mulheres a afirmação de que a mulher continue sendo o "sexo frágil", evidenciando desproteção, tem sido essa a mais difundida característica do feminino. Tal conceito poderia parecer uma forma de carinho, para poupá-la de trabalhos braçais, mais pesados. Porém, o que a expressão traz em seu conteúdo implícito é o desejo de desqualificar a mulher, de torná-la inferior.

Em nome de uma fragilidade cultural de gênero, hoje ainda se tem notícia de abusos, de violências físicas contra a mulher, em um verdadeiro massacre no qual o feminino é imolado. O controle do feminino vai desde atitudes arbitrárias ou autoritárias até expressões de crueldade que colocam em risco a integridade física ou a saúde corporal da mulher. Isso acontece com base na falsa crença de que força e agressividade fazem parte exclusiva da natureza masculina, enquanto das mulheres se espera submissão e toda forma de escondimento e recato.

Tal introjeção é primeiramente sentida pelo homem, o qual, não sabendo como conviver com a mulher de maneira equilibrada e não querendo aparentar fraqueza, passa a querer dominá-la, pois essa seria a sua maneira de mostrar força e superioridade, mesmo que de modo bastante inadequado e cruel. "A virilidade, como se vê, é uma noção eminentemente relacional, construída diante dos outros homens, para os outros homens e contra a feminilidade, por uma espécie de medo do feminino, e construída, primeiramente, dentro de si mesmo."[3]

Muitas das expressões de dominação estão incluídas nos relacionamentos a dois, em que o afetivo tem papel irrelevante. A violência sexual é igualmente exercida por maridos, companheiros, namorados, familiares, pessoas com quem, pelo menos teoricamente, a mulher estaria segura. Mas o que na verdade fica mais evidente, na grande maioria dos casos, é a vulnerabilidade da mulher, que não tem como reagir. Embora muitas dessas situações sejam chamadas de "passionais", a primeira questão a levar em conta é o significado da palavra

---

3. BOURDIEU, A dominação masculina, 67

"passional". Ainda que venha carregada de paixão e emoção, não pode ser automaticamente confundida com amor. Até porque o amor está relacionado à vida, à promoção integral da pessoa, e jamais à demonstração de crueldade, que não só viola o direito à liberdade como também, em inúmeras ocasiões, leva a mulher à morte.

Esse aspecto afetivo passional deve ser desmistificado para compreendermos o significado e as determinações do feminicídio, não como resultado trágico de um amor ou paixão intensa, de emoções incontroláveis, mas como alternativa construída por elementos de uma cultura de dominação masculina, em que a violência é um de seus componentes[4].

Mota afirma ainda que, em nossos dias, crianças e adolescentes estão sendo precocemente estimulados a práticas sexuais, pois ainda não têm preparo psicológico para fazer frente aos conflitos e desencontros nas relações interpessoais. Soma-se a isso a cultura que faz apologia à violência e a seus autores de modo sensacionalista, tornando-os, do dia para a noite, estrelas nos noticiários. A violência e a dominação de gênero resultam de uma cultura de intolerância, individualismo, discriminação e, de modo bastante acentuado, impunidade.

Qualquer pessoa violenta é insegura, porque toda agressividade é sinal de insegurança. A "análise transacional" fala da "criança adaptada rebelde ou submissa", já que ambas as características podem estar presentes na insegurança. Também o homem que usa de violência, que agride, demonstra,

---
4. MOTA, MARIA DOLORES DE BRITO, Fisiografia dos assassinatos de mulheres. A imolação do corpo feminino no feminicídio. *Universidade Livre Feminista*, 11 maio 2010, 11. Disponível em: ‹https://feminismo.org.br/2010/05/11/fisiografia-dos-assassinatos-de-mulheres-a-imolacao-do-corpo-feminino-no-feminicidio/›. Acesso em: jun. 2023.

não força, mas fraqueza. Ao precisar provar que é forte, na realidade, demonstra estar se sentindo ameaçado.

Uma pessoa consciente de seu potencial, de suas qualidades, fica tranquila porque sabe que não tem necessidade de provar nada para ninguém. Quanto mais alguém se conhece, mais terá condições de conviver em harmonia com os outros, conhecer seu valor e também seus limites, e saber que todas as outras pessoas são igualmente possuidoras de qualidades e limites. Aprende, então, a respeitar a si mesmo e a quem está a sua volta.

Existe também o que chamamos de "agressividade útil". É o que nos mobiliza a correr para não perdermos o ônibus, a nos afastar rapidamente de uma poça de água a fim de não nos molharmos, a segurar com força algum objeto para que não caia, e assim por diante.

Uma das grandes violências no controle do corpo feminino diz respeito à prostituição, como resultado de um processo social de exclusão. Uma sociedade imatura, injusta e desigual é a primeira a degradar e a marginalizar a mulher, a qual não recebe oportunidades para viver dignamente e se torna vítima. A prostituição não é um encontro de afeto, é apenas uma relação comercial, genital. Dificilmente vemos alguma referência ao homem que busca o próprio prazer desfrutando do corpo da mulher. Como não há envolvimento maior, ele não apenas não se compromete com ela como também, em primeiro lugar, deixa clara sua dificuldade de relacionar-se com seu próprio corpo, com sua intimidade. Menos ainda sabe como conviver com amor e compromisso. "Significa também: sempre mais prostitutas pobres às custas de uma pequena elite que vive numa abundância e num esbanjamento sempre crescentes e sempre mais escandalosos."[5]

---

5. ROHNER, TEODORO, *Atendimento pastoral às prostitutas*, São Paulo: Paulinas, 1988, 11.

Ao se falar da mulher em situação de prostituição, em geral, se pensa no homem como tendo direito de dominá-la, ou por ser mais forte que ela ou porque paga pelo "serviço". Para ele, não vem à tona seu papel de mantenedor do desnível e da inferioridade da mulher. Esse olhar parcial está ainda hoje presente em nossa sociedade. O corpo da mulher em tal situação é visto como mercadoria que se vende em troca de dinheiro, sem visar a seu prazer, muito menos ao amor.

A violência física é um elemento presente na vida dessas mulheres. São agredidas, feridas, em inúmeros casos com sequelas irreversíveis, ou mortas. Com frequência, levando vidas dramáticas, continuam sendo chamadas de "mulheres de vida fácil", seja por parte daqueles que as procuram, "os clientes", seja dos que as exploram como "patrões", seja da sociedade que as vê como desqualificadas, seja mesmo por parte de seus familiares.

A histórica discriminação da mulher e a maneira diferenciada de se educar filhas e filhos em outros tempos também incentivaram a prostituição. Uma moral dicotômica fazia parte da vida de muitas famílias (em alguns casos, ainda hoje faz). Os rapazes, em geral, tinham sua iniciação sexual com prostitutas, "mulheres da vida", filhas de outras famílias, enquanto as "moças de família" eram criadas com limites severos quanto à sexualidade. Em nossos dias, essa dupla moral ainda privilegia o homem em detrimento da mulher, que continua sendo vista como objeto de satisfação e prazer a serviço dele.

O tráfico internacional, atividade que movimenta bilhões de dólares ao ano, uma das maiores indústrias criminosas do mundo, abaixo apenas do tráfico de armas e do narcotráfico, tem sido outra violência contra inúmeras mulheres. É uma prática empregada pelos aliciadores, que, em primeiro lugar, as enganam com promessas de casamento ou de emprego com ótimos salários no exterior.

Depois que são tiradas do país de origem, a prostituição passa a fazer parte da vida das mulheres traficadas, em bordéis onde vivem pesadelos constantes sem nenhum direito assegurado; seus documentos pessoais e o passaporte lhes são tirados, o que faz delas presas fáceis, por se tornarem ilegais nos países para onde são levadas. Em inúmeros casos, tudo isso também lhes rende a prisão. Aos poucos, sem identidade, perdem o último bem que lhes resta: o sentido de vida. Tal condição facilita a muitas entrarem em depressão, chegando ao extremo do suicídio, quando não acabam sendo mortas, muitas vezes pelos grupos que as mantinham no exterior.

Essa forma de exploração aparece na indústria do sexo, no serviço doméstico e no mercado de compra de noivas, mas também em setores trabalhistas regulamentados, como a construção civil e agricultura. É uma das mais graves violações de direitos humanos legais hoje[6].

O jornalista e escritor canadense Victor Malerak afirma que as mulheres exploradas pela indústria do sexo são chamadas de "profissionais liberais", de modo a disfarçar as condições em que vivem sem as mínimas garantias de proteção. O que também demonstra o total desrespeito com que são tratadas, muito abaixo de grande número de animais de estimação, os *pets* tão admirados, que recebem cuidados especiais, tratamentos especializados com veterinários e, acima de tudo, muito carinho.

As condições de vulnerabilidade econômica geralmente são fatores facilitadores para que muitas mulheres caiam no

---

6. HOFF, SUZANNE, *Seleções do Reader's Digest*, 63.

golpe do tráfico de pessoas. O enfrentamento às desigualdades de gênero baseia-se também na necessidade de construção de políticas públicas que ofereçam oportunidades, garantam direitos e criem condições de melhoria do nível econômico das possíveis vítimas.

Ao mesmo tempo que existe um fascínio pelo corpo da mulher, há também grande discriminação, que faz dela objeto de desejo. Esse culto tão cantado e decantado nada mais é do que manifestação do domínio exercido pelo homem. Ela sente que precisa corresponder-lhe em beleza e sensualidade, e não mede esforços para conquistar os atributos necessários para ser aceita em um mundo cada vez mais dominado pelo masculino.

Submete-se ao padrão de beleza que lhe é imposto por outros para satisfazer aos desejos que não são os dela, mas do homem que, como caçador, apreciará sua presa à medida que estiver desejável e corresponda às suas fantasias. Tão logo essa condição deixe de existir, ele a troca por outra mulher mais bonita, mais atraente ou mais jovem, como, por exemplo, faria com papel usado e sem outro valor, que ele amarrota e joga fora.

A dominação exercida sobre a mulher é resultado de uma cultura que produz a supremacia do homem e onde a violência exercida por ele passa a ser acolhida como indiscutível. Nessa relação, o homem apresenta-se como o proprietário, com direitos de posse invioláveis e inquestionáveis sobre sua propriedade. Esse tipo de homem, ao desrespeitar a mulher, nega-se, de maneira brutal, a vê-la como um *ser* no mesmo nível dele, dotado, como todos os outros, de sexualidade e afetividade.

Humilhar, caluniar, difamar ou mesmo destruir bens ou objetos pessoais, proibir contatos com familiares e amigos, são outras formas de dominação e de violência contra a mulher, causadoras de sérios danos emocionais.

A construção do machismo

Embora em nossos dias muitas mudanças tenham ocorrido quanto à participação das mulheres no mundo social e do trabalho, persiste bastante inadequação quanto a seu papel no ambiente familiar. Quantas delas, por terem sido ensinadas de modo equivocado sobre os deveres com a família, perdem oportunidades de estudar, ter emprego, casar-se, conquistar a autonomia, acabando, em muitos casos, sozinhas, frustradas, por vezes depressivas e, o que é pior, sem terem perspectivas para uma vida de qualidade. Frequentemente, o entendimento equivocado com relação ao quarto mandamento, *honrar pai e mãe*, também tem contribuído para o prolongamento dessas situações, caracterizando muito mais desajuste de personalidade do que problema religioso.

A questão do amor filial e fraterno, do respeito e da relação afetiva que facilmente se confundem com deveres, tem levado muitas mulheres a quase interromper a vida para não faltar com a dedicação a esse quesito. O padrão que se construiu culturalmente e se espera é que sejam dóceis, sedutoras, submissas. Nesse caso, seu corpo, segundo Mota, acaba sendo um lugar prático em que se exerce o controle.

Da mesma forma que há uma tendência aprendida de sujeitar a mulher a uma posição de inferioridade, em que seja submissa, resignada, abnegada e calada, o homem aprende a ser machista. Como tal mecanismo é inconsciente, é necessário torná-lo consciente para que seja possível superá-lo. Isso se baseia na premissa segundo a qual, por ter força física, o homem seja considerado superior e obrigado a provar esse papel.

A mentalidade machista que permeia toda nossa cultura não é apenas do homem, mas, em certos casos, também da mulher. Por mais contraditório que pareça, a origem do machismo está na educação dos filhos, como resultado, em geral, do trabalho da mãe. Ela, de modo inconsciente, passa-lhes comportamentos machistas. Cozinham para os filhos, lavam e passam suas roupas. Por outro lado, esperam que as filhas aprendam a cozinhar, cuidem de suas roupas, e assim por diante. Podemos nos lembrar de outros exemplos nessa linha. As mulheres têm sido, em sua grande maioria, exceto por honrosas exceções, as mantenedoras do machismo.

Desde criança exige-se do menino coragem como demonstração de força e de poder. Para provar sua virilidade, é pressionado ao desafio e ao enfrentamento do perigo. A dominação passa, então, a ser acolhida como questão de honra. Ele precisa provar seu valor para sentir-se acolhido pelo grupo. Muitas vezes ele é impelido a expor-se a comportamentos arrojados que conduzem a finais trágicos.

> Encontram seu princípio, paradoxalmente, no medo de perder a estima ou a consideração do grupo, de "quebrar a cara" diante dos "companheiros" e de ser remetido à categoria, tipicamente feminina, dos "fracos", dos "delicados", dos "mulherzinhas", dos "veados". Por conseguinte, o que chamamos de "coragem" muitas vezes tem suas raízes em uma forma de covardia: para comprová-lo, basta lembrar todas as situações em que, para lograr atos como matar, torturar ou violentar, a vontade de dominação, de exploração ou de opressão baseou-se no medo "viril" de ser excluído do mundo dos "homens" sem fraquezas, dos que são por vezes chamados de "duros" porque são duros para com o próprio sofrimento e sobretudo para com o sofrimento dos outros[7].

O machismo decorre da crença da supremacia do homem sobre a mulher, usando o corpo feminino enquanto lhe

---
7. BOURDIEU, *A dominação masculina*, Rio de Janeiro, out. 2010, 66.

oferece uma resposta imediata. A busca é pelo corpo como objeto de prazer, novo e bem cuidado, que pode excitar, não pelo corpo passível de valorização e de respeito (que é outro nome do amor). O machista usa a mulher enquanto seu desejo é atendido.

Porém, tal situação é igualmente transitória, não tem solidez, não se apoia em sentimento; por isso, não satisfaz inteiramente, permitindo que a busca continue. Tão logo não corresponda mais às suas expectativas, a mulher é deixada de lado e substituída por outra que apareça em melhores condições. A ideia de que o corpo é apenas objeto, e que por isso pode ser desvalorizado e desrespeitado, decorre dessa mentalidade que acredita ser o homem superior à mulher.

A mentalidade machista impregna, além disso, as relações a dois no casamento. Quantas mulheres passam a vida submissas a seus maridos, como se essa fosse a forma de demonstrarem gratidão pelo *status* de esposas! Quando a mulher não trabalha fora, a submissão parece ficar ainda mais forte, como se o trabalho doméstico não fosse suficiente para ela equiparar-se socialmente ao marido.

Dentro de um contexto tradicionalmente masculino, sentir e falar de sentimento constitui uma barreira, favorecendo a diminuição do conceito de ser homem. Como se toda referência ao emocional pudesse alterar a imagem adequada de si mesmos, muitos homens acabam centrados na ação, desligados da emoção. Há homens que fogem da possibilidade de expressar suas emoções, porque nem mesmo sabem identificá-las. Acreditam que isso poderia desgastar sua virilidade e, então, lançam-se nas realizações concretas, fugindo de si mesmos e do que sentem.

Existe uma masculinidade emocional e fisicamente saudável e integradora, necessária para construir um mundo melhor em todos os níveis. Entretanto, no mundo segue predominando uma masculinidade tóxica que se expressa nas guerras, violações, acidentes, mortes, condutas esportivas e sociais, atitudes sexuais, na corrupção, nos negócios desprovidos de ética, num comunismo imoral e na multiplicação dos vícios. [...] Sem dúvida, isso influi em que vivamos relações insatisfatórias, condicionadas pelo lastro social, cultural e histórico que nos levou a um vazio interior. Homens e mulheres buscam modelos masculinos alternativos ao modelo cultural imposto socialmente do que, durante séculos, significou ser homem[8].

Na sociedade capitalista, o homem é relacionado com muito dinheiro e a mulher, com pouco. O desnível salarial entre eles, com raras exceções, ainda é grande. Falar em emancipação feminina tem a ver com direitos iguais. Também a publicidade nos leva a acreditar que *ter* é o caminho mais rápido para a felicidade, o que pode igualmente levar a uma tendência de se querer cada vez mais ter posses, acumular bens. O ter cada vez mais é privilegiado em detrimento do *ser* mais e melhor. Porém, as ofertas são muitas, e fica muito difícil ter tudo e todas as coisas, o que se torna uma bola de neve de pura insatisfação.

O desejo de ter para deixar de sentir-se menos, para poder sentir-se inteiro, em condições de viver, é uma constante, meta a ser atingida por muita gente. Então, não só o consumismo apresenta-se como a saída, mas também a competição pode acontecer como maneira de desafogar tal frustração. A partilha não é incentivada, mas sim a poupança, que, de certo modo, também gera competição. É preciso poupar e ter mais do que todas as pessoas.

---

8. SUBIRANA, MIRIAM, A crise do masculino. Como ser um novo modelo de homem, *Adital*, n. 21, nov. 2010, I.

O ciúme, outra forma de repressão

O ciúme aparece muitas vezes travestido de falsa proteção, porque é, na verdade, uma fantasia; não a de que a outra pessoa precise de ajuda, mas do exercício de poder sobre ela, o que leva à violência e à chantagem emocional, mental, exercida na medida em que são usados os pontos fracos da outra pessoa, de modo que ela não tenha condições de defender-se.

Há uma crença enganosa, bastante difundida, de que o ciúme é demonstração de amor. A única coisa que a pessoa ciumenta demonstra é insegurança. Exatamente! Como não conhece ou não acredita em seu potencial, em seus recursos internos, e por sentir-se inferior, não à altura, julga-se sem condições de ser amada. Fica fragilizada diante da possibilidade de ser trocada por outra pessoa, situação que não sabe controlar, além de não se permitir identificar tal sentimento negativo. Toda preocupação exagerada não tem base na realidade e pode chegar à paranoia, mania de que existe algum perigo ou alguma perseguição.

É cruel ter notícias de tantas mulheres que se submetem a maus-tratos, a ataques de ciúme de seus companheiros, por eles afirmarem que isso é uma forma de amor e por elas sentirem medo de ser abandonadas. Quantas foram atacadas e mortas violentamente por parceiros que se justificaram dizendo que agiram em "defesa da honra"! Honra de quem?

Ciúme é patologia e, como tal, deve ser tratado. Em primeiro lugar, a pessoa ciumenta precisa tomar consciência de seu desequilíbrio para poder descobrir qual a razão que a leva a essa atitude.

Por outro lado, a pessoa ciumenta parte do pressuposto de que está sendo deixada de lado, que alguém com mais recursos físicos, materiais e afetivos está tomando seu lugar. Mais do que rejeição, o sentimento predominante é de menos-valia, decorrente de uma secreta autoestima rebaixada.

Como não se acha em condições de receber amor, julga-se menos que as outras pessoas e sente insegurança diante da possibilidade de perder, ao exercer seu ciúme tem a ilusão de ser mais do que é.

O homem ciumento, como também a mulher, ainda não se conhece, não tem consciência de sua integridade, de seu potencial, de seus recursos internos. Ainda não aprendeu que não é o poder que o torna mais inteligente e, por isso, mais homem; que ser homem, além disso, significa reconhecer seus sentimentos, saber expressá-los e compartilhá-los com a mulher, reconhecendo igualmente nela qualidades, direitos, necessidades, deveres.

Proponho nas páginas seguintes um olhar atento sobre quanto o corpo é continente de amor e quanto ainda precisa ser conhecido.

CORPO COMO MEDIAÇÃO DO AMOR

Muito tem sido falado sobre o amor, em prosa e verso. Palavra tão pequena com significado tão profundo, cantada e decantada, tema da literatura, da música e das páginas policiais, nem sempre bem interpretada e não muitas vezes bem vivida. Em seu nome, quantas tragédias já aconteceram e quantas outras seriam evitadas se fosse bem conhecido e levado a sério.

Madre Tereza de Calcutá dizia que o mundo tem mais fome de amor do que de pão, de alimento. É verdade. Há tão pouca demonstração de amor, de afeto entre as pessoas, que muitas chegam a definhar. Da mesma forma que as plantas murcham, secam e morrem por falta de água, as pessoas sentem necessidade da seiva do amor. Caso falte, elas também adoecem, chegando, em muitos casos, a desistir da vida.

Amar ou gostar?

De início vale estabelecer a diferença. Gostamos de tudo o que nos faz bem, que agrada a nossa sensibilidade ou simplesmente é gostoso. Somos atraídos pelos sabores, pelas cores, pelo aconchego e por coisas que satisfaçam nossa carência. Quando, por exemplo, chupamos uma laranja, o fazemos pelo sabor, desejando desfrutar o máximo de seu suco, até que se esgote. Aí então jogamos fora o bagaço, aquilo que restou e não nos serve mais. Por mais que alguma pessoa diga que amou aquela laranja ou aquele filme, ou qualquer outra coisa, na verdade houve uso inadequado do verbo "amar" pelo "gostar". É próprio da criança fazer alguma coisa porque gosta ou dá vontade. Só escolher e agir, tendo como medida o impulso, o "gosto disso" ou "me deu vontade", é como insistir em permanecer na imaturidade, é recusar-se a crescer. Amar é algo que envolve responsabilidade, compromisso. Do mesmo modo que é um ato de liberdade, não pode haver amor sob pressão. Por isso, quem ama quer o bem da outra pessoa, o que requer maturidade, embora nem sempre seja "gostoso".

Amar é ser capaz de permanecer nas relações mesmo no conflito, na discrepância. Constrói-se amor quando se tem a capacidade de comprometer-se com a outra pessoa, com tudo o que implica a metáfora de uma construção: planejar, limpar, esperar, colocar coisas novas, aceitar o que não se modifica, embelezar, insistir...[1]

Pode-se dizer que amar seja sinônimo de respeitar. Nesse sentido, quem ama respeita a outra pessoa, sua opinião, seu corpo, sua vida, seus pertences, e assim por diante. Não é ter a posse de alguém, mas, ao contrário, é respeitar sua individualidade, seu modo de ser. É escolha nossa deixar-nos conhecer e conhecermos pessoas, ou continuarmos a nos desconhecer e contentar-nos com a superficialidade dos encontros e relacionamentos. Amar implica também sabermos ter

---

1 CABARRÚS, CARLOS R., *A dança dos íntimos desejos*, São Paulo: Loyola, 2007, 40.

responsabilidades, assumir nossos atos com compromisso sem culpar os outros, fazendo deles os avalistas de nossas inconsequências.

No entanto, não estamos amando o tempo todo. E a prova é que não pensamos o tempo todo nas pessoas que dizemos amar. Nem por isso mentimos ao afirmar nossos amores; basta restabelecer algum tipo de contato com o objeto amado, para vibrar outra vez no sentimento de estar em comunicação com ele. Passamos imediatamente da potência ao ato, da capacidade para o fato, da possibilidade para a atualização do amor. E ele vem com o mesmo vigor, com o mesmo brilho, com a mesma força[2].

Alguém pode preferir viver relacionamentos sem profundidade, apenas por insegurança quanto a algum rompimento futuro inevitável, ou abrir-se para a entrega e a acolhida, mesmo sendo prudente. Como se costuma dizer, a pessoa que ama e se sente amada pode "pensar em voz alta" a seu lado, livre de qualquer temor de censura, repreensão, de que suas palavras serão ridicularizadas ou mal interpretadas. Nada é mais forte e verdadeiro do que crer e entregar-se ao amor.

Não nos convém confessar, mostrar nossa fraqueza a uma pessoa que, eventualmente, poderia tirar proveito dessa confissão para afirmar sua força. Não podemos ficar nus senão diante do amor. Mas essa é a natureza humana transviada e não verdadeira. Se você está com alguém que você ama, você não irá tirar proveito de sua fraqueza; pelo contrário, você ama essa fraqueza, você irá cercá-la de cuidados afetuosos[3].

---
2. LACERDA, M. P. DE, *Bem junto do coração*, Petrópolis: Vozes, 1993, 42.
3. LELOUP, JEAN-YVES, *Amar... apesar de tudo*, Campinas: Verus, 2000, 35.

Aprofundando mais, quem ama não tem ciúme, como tratamos anteriormente. Quem ama cuida, zela, respeita a outra pessoa, quer que ela esteja bem. Quem ama não mata, nem mesmo com a justificativa de que seria "em defesa da honra", como noticiado inúmeras vezes. Nesse caso, o sentido seria o de "ter a posse de" uma pessoa para usá-la e descartá-la, como se faz com o objeto que já não interesse mais, inviabilizando qualquer manifestação de liberdade.

Ainda hoje há uma concepção distorcida do amor. É o que todo dia nos é arremessado para dentro de nossas casas pelos filmes, novelas, revistas, romances, que, longe de elevar, degradam e aviltam seu sentido. Ora é o amor romântico, adocicado, sem solidez, porque sua base é a fantasia, ora é o amor que se confunde com a paixão e que acaba tão logo esfria o calor.

Tantas vezes exaltado e celebrado, o amor, para muitos, não passa de conveniência em ocasiões agradáveis. Depende do humor ou das condições do momento, se ela ou ele estiver bem-humorado, feliz, arrumado, perfumado. Amor, entretanto, supõe maturidade para ser acolhido com todas as consequências e, até por isso, é incondicional. Quem ama ajuda a pessoa amada a progredir. É construção a dois. Um ajuda o outro a descobrir seu potencial e a desenvolver-se. "O amor é a mais completa e mais nobre relação de todas, e abrange o melhor de todas as outras: respeito, admiração, ligação, amizade e intimidade, todas numa só, como acréscimo de sua própria graça e carisma."[4]

No amor não há espaço para o medo de sentir e acolher a outra pessoa tal qual ela é. Podemos igualmente dizer que o amor nasce da admiração que se tem por alguém, por suas qualidades, por suas habilidades esportivas ou artísticas, por

---

4. BERNE, FRIC, *Sexo e amor*, Rio de Janeiro: José Olympio, 1976, 107.

sua beleza, e assim por diante. Sexo, então, é expressão do amor, de algo que preexiste. Por isso, o amor deve vir antes do encontro sexual, para que este faça sentido.

Outro requisito que nos pode facilitar o encontro do amor (poderíamos acrescentar ainda outros) é a humildade. Originária do latim *húmus*, "chão", a palavra "humilde", ao contrário de esconder-se ou falsear o real, significa ter os pés no chão. É ter amor à verdade, ainda que doa. Responder "são seus olhos" a alguém que diz que você está bem seria fingir humildade, apenas representação. Sentar nos últimos lugares, manter a cabeça baixa diante de outras pessoas para parecer humilde é atitude equivocada.

Alguém que tenha contato consigo mesmo e com a realidade conhece tanto seu potencial quanto seus limites. Portanto, pode de modo mais simples achar o caminho da humildade, sem falsa modéstia. Tem consciência do aqui e agora, e de que algumas poucas coisas são impossíveis, mas todo o restante é possível, bastando aprender a receita e treinar. Também não significa mentir. Pelo contrário, sabe dizer "não" sem faltar com a verdade e sem nenhum constrangimento.

Ao longo da vida, por motivos diversos, vamos erguendo barreiras que nos isolam uns dos outros, bloqueiam a passagem da luz, nos impedem de ver com clareza e de nos comunicar, além de favorecer a fantasia. Em tal clima, a verdade objetiva fica comprometida, faltam-nos dados importantes que nos ajudam a conhecê-la.

A proximidade de alguém sempre desperta em nós algum sentimento. Se desagradável, pode nos trazer insegurança. Nossa reação será de afastamento e de consequente receio do novo contato. Viver o amor pode ser comparado a construir pontes, canais que facilitam e favorecem a comunicação e seguramente levam à vida.

Raniero Cantalamessa, em sua primeira pregação de Quaresma à Cúria Romana, em 2011, falava da secularização do amor, cuja ação pode ser difusa e nefasta, separando de Deus o amor humano, em todas as suas expressões, em que não só não há espaço para Deus, mas também até sua mera lembrança torna-se incômoda. Essa visão equivocada esvazia o sentido pleno do amor: ser para o outro, dar a própria vida, que é o que Deus faz conosco continuamente. Amor implica estar *com* a outra pessoa em todos os momentos, não apenas na alegria, mas também na dor. É ir ao encontro de quem nos procura sem fugir da dor e, sobretudo, sem temermos, também nós, sentir dor, sofrer pela dor do outro e pela nossa própria dor.

É ter compaixão que significa compartilhar a "paixão", o sofrimento do outro. [...] Viver com compaixão significa entrar nos momentos sombrios do outro. É penetrar em lugares de dor, é não recuar ou desviar os olhos quando alguém agoniza. Significa permanecer onde pessoas sofrem. Compaixão impede-me de dar explicações fáceis e ligeiras quando a tragédia ocorre na vida de alguém que conhecemos ou amamos[5].

Em contato com o sofrimento dos outros, confrontamos nossos limites e nossas reais possibilidades. Saímos da fantasia de que, para estarmos bem, precisamos afastar a dor, fazendo de conta que não a vemos. Às vezes, por evitarmos entrar em contato conosco mesmos, deixamos de nos conhecer como realmente somos e, de certo modo, nos impedimos de também conhecer as pessoas que nos cercam dentro ou fora de nossa família e de nos abrirmos para viver o amor. Ao deixarmos de lado a posição de dependência infantil, que só

---

5. NOUWEN, HENRI, *Transforma meu pranto em dança*, Rio de Janeiro: Textus, 2002, 63.

quer ser amada, assumimos nosso crescimento humano, nos tornando pessoas adultas que, mais do que receber, querem dar amor.

Os três tipos de amor

Crescemos à medida que interagimos com as outras pessoas. A expressão de Thomas Merton, "Homem algum é uma ilha", é verdadeira. Nenhum ser vivo tem condições de continuar vivendo sozinho. Precisamos constantemente uns dos outros, e é nessa interação que o amor circula e nos envolve.

Eros, do grego ἔρος, envolve todo o ser e nasce na atração dos corpos. É amor ao outro por sua beleza, por sua força física, por tudo aquilo que é externo. Esse ainda é motivo de equívoco para muitas pessoas, porque se perdem na paixão, que se apoia apenas no que é visível e sensível, esquecendo-se de que não somos meros animais, mas temos também a dimensão de transcendência.

Para Platão o amor devia passar pelos corpos para se chegar às almas. Por vezes essa forma de amor-paixão ou erótico é vista como essencial ou única. Eros é necessário e não pode ser descartado para quem quer ter uma vida em comum.

> Isso se explica em parte pela intensa sensação de harmonia, união, vitória sobre a anterior solidão. Se duas pessoas estranhas uma à outra, como todos somos, subitamente deixam ruir a parede que as separa e se sentem próximas, se sentem uma só, esse momento de unidade é uma das mais jubilosas experiências da vida. É tudo o que há de mais admirável e miraculoso para quem tem estado fechado em si, isolado sem amor[6].

---
6. TEPE, VALFREDO, *Prazer ou amor*, [s.l.], Mensageiro da Fé Ltda., 1966, 411-412.

Essa dimensão apresenta o que se reconhece como "amor romântico" ou "paixão de namorados", cantado sobretudo em novelas e letras de canções de cultura popular, tema dominante de filmes, revistas e de quase tudo o que é mostrado em televisão. Existe a ternura, mas pode-se chegar às paixões avassaladoras, ao "céu e ao inferno", à paz e à tormenta, até à aparente libertação ou à escravidão opressora. Nesse nível se encontram grandes contrastes normalmente provocando fortes emoções[7].

Não basta o eros para se viver um amor de encontro autêntico, de pessoa para pessoa. É preciso que seja mais aprofundado para atingir solidez e serenidade.

Filia, do grego φιλία, é o amor que se compõe na amizade, que compartilha os sentimentos, que dá e recebe. Leloup considera esse o verdadeiro amor humano, porque apresenta também a espera de retribuição: amo e espero ser amada(o). Como estágio de partilha, embora não exclua a atração física, é calcado no respeito mútuo. "Não consiste numa identificação de vidas, numa sintonia emocional ou anímica. Nem mesmo consiste somente em se colocar no lugar do outro. Trata-se da percepção do ser interior do outro, por tudo o que ele é, pelas suas atitudes, pelo que se expressa."[8]

Alguns teóricos afirmam que esse é o protótipo do amor, porque consiste na amizade autêntica, que engloba responsabilidade, empatia, respeito, cuidado e promoção de qualquer outra pessoa.

Para Santo Tomás, há uma ética na amizade de que um não se confunda com o outro, não seja simbiótico, que signifique o respeito pela individualidade da outra pessoa, colaborando para que seja ela mesma.

---
7. CERQUEIRA, ELIZABETH K., *Sexualidade, gênero e desafios bioéticos*, 95.
8. CERQUEIRA, ELIZABETH K., Sexualidade humana, in: RAMOS, D. P. *Bioética. Pessoa e vida*, 175.

Cinco efeitos peculiares que o próprio Santo Tomás atribui à amizade:
- Desejar que o outro exista e viva;
- Querer seu bem;
- Fazer o que para ele seja bom;
- Conversar com ele prazerosamente;
- Viver com ele em concórdia[9].

Agápi (ágape em português), do grego *αγάπη*, vai além de *filia*. Não espera nada em troca, é incondicional, acontece na gratuidade. É total doação aos outros.

Para algumas pessoas, o único amor válido é o eros, que se consolida na atração e no desejo, enquanto o amor ágape é gratuito. Por isso é tido como, mais do que difícil, impossível para muitas pessoas. Como forma aprimorada do amor, porque doação de si mesmo, sai do fechamento egoísta para a abertura da partilha que não espera recompensa.

> O homem que assim "sai de si" torna-se "excêntrico" aos olhos do mundo. Mas justamente a loucura dessa "excentricidade" é a mais alta sabedoria encontrada pelos santos, pelos místicos. O verdadeiro centro do homem não é o seu próprio "Eu", o centro autêntico do homem é Deus. Sair de si para gravitar em torno de Deus é encontrar o único centro de gravitação que permite descrever o curso da vida equilibrada, harmoniosa, e serenamente[10].

O encontro ágape tem como uma de suas características marcantes a busca da transcendência. É ir ao encontro do outro, tendo como ponto de referência Deus, o Outro. Consiste também em esvaziar-se dos próprios desejos para, como dizia

---
9. Ibid., 143.
10. TEPE, *Prazer ou amor*, 427.

o apóstolo Paulo, poder configurar-se no encontro maior com Cristo. "Até que Cristo seja formado em vós" (Gl 4,19). O amor autêntico é uma integração entre eros e ágape. Não se pode privilegiar um em detrimento do outro, como se fossem inconciliáveis. Cantalamessa, ao referir-se à encíclica *Deus Caritas est*, do Papa Bento XVI, afirma que eros e ágape estão unidos à própria fonte do amor, que é Deus, porque ele ama.

O Papa acena ainda para esta função positiva do eros sobre o amor humano quando fala do caminho de purificação do eros, que leva da atração momentânea ao "para sempre" do matrimônio. Acrescenta que este seu amor pode ser qualificado certamente como eros, que, no entanto, é também e totalmente ágape[11].

O perdão, uma das faces do amor

O perdão e a dominação, em alguma medida, fazem parte dos desejos do ser humano. Manifestam a ambiguidade de quem quer ferir, mas também quer acariciar; quer machucar, mas sente também forte desejo de abraçar, de desinstalar-se e acolher. Chama para a vida, cria, enquanto qualquer forma de domínio mata.

Perdoar, então, é sair do fechamento em si mesmo e deixar-se descobrir tal qual é, em total liberdade, sem medo de repressões, sem o constrangimento de receber críticas, com coragem de reencontrar e acolher o(a) ofensor(a).

Em primeiro lugar, perdoar é ato de vontade, é preciso querer. Não é esquecer ou colocar uma pedra em cima (fin-

---

11. CANTALAMESSA, RANIERO, *Eros e Ágape. As duas faces do amor humano e cristão*. Petrópolis: Vozes, 2017, 4-5.

gir que nada aconteceu). É despojar-se de todos os falsos artifícios de força. É lavar e relevar toda a mágoa, a qual, se não houver perdão de fato, poderá voltar inúmeras vezes em forma de ressentimento, ou seja, sentir de novo toda a dor do momento em que se foi ferido.

Por outro lado, não significa negar o mal que nos fizeram ou afirmar que aquilo foi irrelevante. Pelo contrário, mesmo tendo nos machucado, também pode ter nos ensinado a não reproduzirmos em nossos relacionamentos futuros o que de mal recebemos; e também a usarmos de assertividade, que significa defender com garra e ao mesmo tempo com serenidade tudo o que tem valor e merece ser defendido por nós.

O "perdoo, mas não esqueço!" pode ser um dos equívocos de quem se enrolou na falta de perdão e não deseja sair disso. Ora, um dos atributos da memória é justamente lembrar. O importante é o que vamos fazer quando nos lembrarmos da mágoa ou de quem nos magoou. Portanto, se desejamos perdoar, já perdoamos, mesmo que volte a lembrança do fato que gerou essa atitude desastrada, mesmo que ainda não nos sintamos à vontade para convidar aquela pessoa para um passeio, para um piquenique ou para outra atividade, como costumávamos fazer. Na verdade, o que importa é que nos sintamos livres para continuar vivendo sem segurar o peso da mágoa.

Após fazer um omelete, podemos recuperar os ovos? Depois de assar o pão, podemos recuperar a farinha? É impossível ser o mesmo após receber uma afronta. Ou tentamos fazer crer que nada se passou e, nesse caso, restabelecemos o relacionamento na área da mentira, ou aproveitamos o conflito para revisar a qualidade da relação e recomeçá-la sobre novas e mais sólidas bases[12].

---

12. MONBOURQUETTE, JEAN, *A cura pelo perdão*, São Paulo: Paulus, 1996, 31.

Quando ainda não houve o perdão, a lembrança do ocorrido virá de novo carregada de sentimentos negativos, de rancor e de ressentimento. Ou seja, sentimos tudo de novo, re-sentimos. Cabe a nós decidir simplesmente se consentimos ou não em nos lembrar do fato histórico, algo que aconteceu, e nos desembaraçarmos dele quanto antes sem nenhuma necessidade de fazer dele objeto de nossa propriedade.

A falta de perdão é, de modo velado, uma forma de dominação: se não perdoamos e continuamos a segurar em nossa mente quem nos ofendeu, temos a fantasia de que essa pessoa continua à nossa mercê, depende de nós, está debaixo de nossos pés, temos o controle sobre ela. Isso não passa de uma demonstração de fragilidade, pois, mantendo firmes as amarras, temos a ilusão de sermos fortes e continuarmos por cima, dominando tanto a situação quanto a pessoa envolvida. Ora, isso é falso! Só quando soltamos as cadeias que nos prendem ao outro e ao fato histórico (aconteceu, não dá para mudar) é que nos tornamos livres. A liberdade interior consiste, então, em soltar todo o peso, em viver e deixar viver.

Perdoar, ao mesmo tempo, pode trazer a sensação de fraqueza, de "ter sangue de barata". É exatamente o oposto que ocorre, pois, quando uma pessoa perdoa, demonstra força. Em primeiro lugar, por não se intimidar pelas lembranças que ficaram da situação adversa e enfrentar os fantasmas que por acaso ainda povoem seus pensamentos. Na verdade, com tal atitude demonstra ter coragem de admitir que o que ainda incomoda não passa de imagem do que aconteceu e que pode continuar incomodando apenas na medida em que se lhe atribua poderes quase mágicos.

"Não consigo perdoar" é outra desculpa sem reflexão, que ouvimos muitas vezes. Conseguir é inteiramente possível. O que falta, então? Por trás da expressão "não consigo" estão embutidas algumas outras atitudes: a primeira, bastante frequente, parece ser "eu não quero", por várias razões, das quais uma é "não tenho condições", por falsamente supor que seja impossível. E, agora, como sair dessa?

Antes de tudo, como ninguém nasce sabendo, é preciso aprender *como* agir: faz-se necessário ter uma boa "receita" e treinar. Como dizia o grande inventor Thomas Edison, o gênio é 1% de inspiração e 99% de transpiração, é resultado de vontade empenhativa.

Outra interpretação para o "não consigo" pode ser: "é muito difícil". Tudo começa difícil e leva tempo para se tornar fácil. Com a prática vai se tornando cada vez menos difícil, até chegar a ser espontâneo. Apenas alguns reflexos de nascença não precisam ser ensinados. Por exemplo, se alguém toca na palma da mão ou na sola do pé do nenê, sua tendência é fazer um movimento para dentro, como para fechar. Ou o reflexo patular, quando se bate no joelho, provocando o movimento de chutar. Tudo mais vai depender de muito empenho, treino e tempo para deixar de ser difícil e passar a ser fácil.

Um levantamento vai descobrir que só algumas coisas são de fato impossíveis; todas as outras são possíveis, mesmo que às vezes muito difíceis. Também com o perdão funciona assim. Perdoar, em alguns momentos, pode ser muito difícil, entretanto, nunca impossível.

Basta querer perdoar e daí partir para a ação de oferecer o perdão. O amor autêntico não admite sentimento de superioridade, já que, na verdade, seria disfarce para a dominação. Perdoar acontece como consequência do amor, é caminhar no mesmo passo de igualdade das outras pessoas. Só é possível chegar ao perdão a pessoa que, em primeiro lugar, se sente amada. Nesse sentido, o perdão aparece como uma expressão feliz do amor.

Muitas vezes, porque não reconhecemos nossas próprias faltas, não desculpamos as faltas dos outros. Igualmente, uma das condições para perdoarmos a quem nos maltratou ou nos ofendeu é o *autoperdão*, que nada mais é do que termos consciência de nossos erros e de todo coração nos perdoarmos. A partir do autoperdão, temos condições de admitir que as outras pessoas merecem uma nova chance.

No pai-nosso dizemos: "Perdoai-nos as nossas ofensas, assim como nós perdoamos aos que nos ofenderam". Ao reconhecer nosso pecado, somos capazes de perdoar o pecado dos outros e fazer reconciliação. Não devemos ficar remoendo o passado. Devemos virar a página e, então, veremos um novo ser diante de nós[13].

Desconsideração, oposto do amor

Toda pessoa, desde o nascimento, tem necessidade de ser tocada, abraçada, ficar no colo. Porém, não é apenas o carinho físico que importa; há outras formas de atenção como elogios, cumprimentos, reforços que funcionam como alavanca na construção da autoestima. Ser considerada, valorizada em suas realizações, ter seu potencial reconhecido é como receber o passaporte para a vida.

A desconsideração é o outro lado da moeda. Acontece em vários níveis, entre familiares, amigos, colegas de trabalho, e em outros contatos. É uma forma velada de uso do poder. Quem desconsidera assume uma posição de superioridade sobre o desconsiderado, o qual não se sente capaz de impedir nem mesmo enfrentar a desconsideração.

Tipos de desconsideração podem usar de subterfúgios ao responder qualquer indagação, não levando a sério *o problema* apresentado: "Você está fazendo tempestade em copo d'água!"

---

13. BOULAD, HENRI, *Deus e o mistério do tempo*, São Paulo: Loyola, 1992, 117.

ou desconsiderando *as soluções apresentadas* ou *a possibilidade de mudar.*

Igualmente desconsidera quem, ao ser questionado sobre alguma coisa, não responde, ou responde com outra pergunta, ou faz de conta que não escutou. Imagine que você pergunte a alguém: "Que horas são?", e a pessoa responda: "Você não tem relógio?", ou ainda: "Por que você quer saber as horas?". Mais do que falta de educação, é desrespeito, que afeta qualquer relacionamento, seja profissional, social ou familiar.

Outras formas de desconsideração consistem em: banalizar o que a outra pessoa diz, ao responder *com alguma emoção*, rindo ou chorando; usa *generalizações* na resposta, como: "*Todos ficam* tristes, isso é muito comum"; deixar alguém de lado em um grupo com *conversas paralelas* ou lhe dar "um gelo", sem lhe dirigir a palavra, ou não lhe dar a vez de falar, deixando-a à margem. O efeito antiamor das caçoadas, *bullyings* e quaisquer outras "brincadeiras de mau gosto" pode ser nefasto para qualquer pessoa, mas de modo especial para a criança em sua formação e desenvolvimento. Além disso, a resposta *não verbal*, um gesto, um aceno de cabeça ou uma careta são formas de desconsideração que nem sempre têm sido observadas e levadas a sério.

Outro exemplo é a mãe continuar cozinhando, lendo ou fazendo qualquer outra atividade sem levantar os olhos para o filho ou a filha que lhe mostra o caderno ou apenas quer um pouco de sua atenção. Isso é tão cruel quanto lhe dar um tapa. É bem verdade que, ao receber o tapa, doído e inadequado, a criança foi olhada de alguma forma e, mais ainda, foi tocada.

Não queremos, com isso, fazer apologia do castigo físico, mas sim mostrar apenas que a desconsideração pode significar: "Você não é importante! Não tem valor. Ninguém a vê!". A pessoa atingida pode decodificar a mensagem como: "Não sou importante, não tenho valor, por isso ninguém me vê".

Ser desconsiderada é o mesmo que ser invisível, não ser reconhecida em sua singularidade. Quando em família, tendo como atores mãe, pai ou qualquer outro adulto responsável pela criança, as consequências têm peso bastante profundo. Em alguns casos ela pode chegar a conclusões mais drásticas ainda, como: "Não posso viver" ou, pior, "Devo morrer!". Como resultado disso, tende a tomar decisões precipitadas, dramáticas e, por vezes, irreversíveis. Se por um lado o amor faz crescer e leva à vida, a desconsideração faz murchar, leva à morte.

Autoestima, base do amor

É na infância que começamos a aprender sobre a autoestima. Nesse sentido, podemos afirmar que autoestima vem de fora. A criança aprende que ela vale a pena, que tem ou não valor com os adultos com quem convive, pela maneira como é tratada: com carinho, com afeto ou com desconsideração ou agressividade.

Como aquela moça criada em uma família muito pobre, cujo pai, embora trabalhasse pesado, acreditava que era só aquilo que poderia conquistar, mal conseguindo alimentar a família. A mensagem que a filha pôde captar em sua companhia foi que a vida é dura e o máximo alcançável seria aquele padrão modesto, com baixo salário e pouca escolaridade. A menina foi crescendo e se adaptando àquela realidade, acreditando que não adiantava lutar. Foi um longo caminho até descobrir que a "verdade" que conhecia podia ser questionada. Daí, para descobrir que tinha valor, apropriar-se de seu potencial e partir para a mudança, levou menos tempo.

Quando crianças, nada sabemos a nosso respeito, até começarmos a entender como as pessoas próximas nos tratam. Se elas se interessam por nós ou nos deixam de lado em algum canto da casa e da vida. Se nos convidam para passear, se nos chamam para brincar ou se, pelo contrário, nos repreendem com frequência e simplesmente se esquecem de nós. É logo no início de nossa vida que descobrimos se somos levados a sério e se valorizam nossa presença. Podemos dizer, sem exagero, que autoestima começa de fora para dentro.

A partir de como é tratada, com gentileza, com carinho ou, ao contrário, com agressividade, a criança entende se é valorizada ou não, se tem permissão para viver ou se sua vida não vale a pena. Essa conclusão, a que chega pelo que recebe de outras pessoas, facilita sua decisão, também inconsciente, de querer ou não querer viver.

Muitas crianças, por não saberem identificar e muito menos expressar suas emoções, inconscientemente as direcionam para alguma parte do organismo, onde se instalam. Nesse caso, a energia emocional será utilizada para o desenvolvimento de doenças que ocorrem como consequência. Em vista das emoções não expressas, o corpo (soma) é atingido de modo desordenado, e uma patologia se instala. É o que se conhece como "somatização". Tomar consciência das emoções é um dos passos para a pessoa apropriar-se de sua riqueza interior e chegar a ter uma vida saudável.

Sempre é tempo de adquirir ou recuperar a autoestima. A lembrança de que o amor a si mesmo é mandamento pode ajudar nesse trabalho. Ao ser questionado pelos fariseus, para testá-lo, qual seria o maior dos mandamentos, a resposta de Jesus é clara, não deixando dúvidas quanto ao primeiro e maior deles: "Amarás ao Senhor teu Deus de todo teu coração, de toda tua alma e de todo teu espírito. Esse é o maior e o primeiro mandamento". Mas, para a surpresa dos ouvintes, ele acrescenta o segundo, semelhante a esse: "Amarás o teu próximo como a ti mesmo" (Mt 22,34-39).

Para alguém amar, respeitar, acolher outras pessoas, é preciso em primeiro lugar *amar-se*. Isso não quer dizer egoísmo. Ser egoísta é pensar *só* em si, no próprio bem-estar, sem nenhum compromisso com as outras pessoas. É prioridade amar a si mesmo em primeiro lugar; é o mesmo que respeitar-se para poder amar ou respeitar quem quer que seja.

Em alguns casos, amar a si mesmo pode significar saber dizer *não*, no momento certo, sem sentir culpa. É recusar qualquer coisa prejudicial a sua integridade física, moral ou intelectual. Quem não se ama verdadeiramente, não tem condições de amar ninguém.

A assertividade pode ser outra maneira de expressar autoestima. Ser assertivo(a) consiste em, sempre que necessário, defender com firmeza, com garra, mas com bons modos e tranquilidade, tudo que tem valor. Não há necessidade de perder as estribeiras e ser grosseiro para se fazer ouvir.

Em alguns casos, usar de assertividade pode significar saber esquivar-se de uma situação desagradável, calando ou não tomando outra atitude, evitando dessa forma um desfecho pior. Nesse caso, o valor a ser defendido é o próprio bem-estar físico ou moral, seu ou de outrem.

Apenas alguém que conhece seu potencial, sua riqueza interior, atinge a autoestima, o amor tão necessário a si mesmo, à manutenção da própria vida. Só assim será possível descobrir a outra pessoa e chegar a amá-la sem necessidade de competir, reconhecendo que ambas estão no mesmo patamar de igualdade e podem viver a entrega do amor mútuo e da intimidade.

Santo Inácio de Loyola, como síntese dos *Exercícios espirituais*, propõe a "contemplação para alcançar o amor"[14] – ou para deixar-se alcançar pelo amor – com um olhar para toda

---

14. LOYOLA, *Exercícios espirituais*, 91.

a obra criada, percebendo aí a presença de Deus. Ao mesmo tempo, ver todas as coisas e criaturas em Deus, de modo a nos tornarmos "contemplativos na ação", isto é, descobrir o Amor de Deus, que continua criando e restaurando sua obra. Pode-se então dizer que a autoestima é o resultado do reconhecimento dos dons de Deus e a descoberta de sua ação em nós, chamando-nos à alegria e ao bem-estar para sermos pessoas ajustadas e felizes.

Essa tomada de consciência é capaz de produzir uma atitude semelhante à de Maria, ao reconhecer-se portadora do privilégio de ser cheia de graça e mãe do Salvador. Seu *Magnificat* é expressão humilde e alegre de que tudo vem da gratuidade de Deus. De nossa parte, colaboramos com a graça quando nos permitimos querer bem a nós mesmos, desenvolvendo nosso potencial e valorizando nossas realizações, sem falsa modéstia, por sabermos que tudo é dom.

O ideal narcísico

Cultivar a autoestima significa ter os pés no chão, reconhecer as próprias qualidades, alegrar-se com elas, sem, contudo, perder-se na fantasia. Todo exagero é nocivo, levando a resultados indesejáveis. Entre eles pode ser citado o mito de Narciso.

A mitologia grega apresenta-nos Narciso, filho da ninfa Liríope, que vivia na terra da Beócia, onde corriam as águas do deus e rio Céfiso. As ninfas evitavam andar às margens do rio porque, tão logo as via, Céfiso procurava subjugá-las em suas águas.

Certo dia, Liríope passou distraída junto ao rio, que imediatamente a cobriu com sua torrente, possuindo-a. A vida da ninfa mudou radicalmente. Vivia triste e lamuriosa por entre as árvores. Até que, com o nascimento do filho

Narciso, belo e gracioso, voltou a se alegrar. Ao consultar o cego Tirésias sobre o futuro do filho, ouviu dele que Narciso teria vida longa, desde que nunca visse sua própria imagem. Essa resposta não foi entendida e acabou sendo ignorada.

Um dia Narciso, já adulto, pôde contemplar seu próprio reflexo na água de uma fonte. Passou dias e dias contemplando-se. Apaixonado por si mesmo como estava, acabou se esquecendo da vida e se consumindo pela fome, sede e solidão.

Narcisismo, característica de quem se ama de modo exagerado, nada tem a ver com autoestima. É, ao contrário, centrar-se no próprio *eu*, de modo exclusivo, como se ninguém mais existisse ou importasse.

É próprio da criança ser egocêntrica, voltada para seu mundo. Tudo que é seu é melhor: "Meu pai é mais forte que o seu", "Minha mãe é mais bonita que a sua", e assim por diante. Como seu mundo é bastante restrito, acredita que precisa segurá-lo o quanto pode para conservá-lo. *O meu* passa a ser sempre melhor que *o seu*, gerando não apenas comparação, mas principalmente competição: "Eu tenho, você não tem" ou "Eu sou mais, você é menos". Isso é atitude típica da infância e da pessoa imatura, independentemente de sua idade cronológica.

A busca narcísica, se não for cuidada, estará presente em adolescentes, jovens ou adultos. O objetivo continua o de sempre: ser o centro das atenções, satisfazer-se, mesmo que outras pessoas sejam prejudicadas com isso. A tendência costuma ser a da busca do idealizado, muitas vezes até pela fantasia, e não a partir do real e do realizável. Quantos jovens, encantados e deslumbrados com a própria aparência, continuam sonhando ser como o ator ou atriz de algum filme, cantor ou cantora, ou alguma outra celebridade, e deixam "a vida passar", embora, por não tomarem consciência disso, nem todos o admitam com facilidade.

O desejo da realização narcísica é, ao mesmo tempo, demonstrativo de grande carência de autoestima. Como já vimos, só podem ter respeito por quem quer que seja aqueles que em primeiro lugar se respeitam. Na busca de se autopromoverem, porém, os narcisistas competem com os outros, às vezes até exagerando ou inventando detalhes fantasiosos. O que vale na conquista é a própria exaltação, mesmo que seja sem fundamentação no real.

Menos ainda parecem preocupar-se com as doenças sexualmente transmissíveis ou com os riscos a serem evitados. Procuram a satisfação pessoal e imediata, sem envolvimento, responsabilidade e compromisso, sem noção de consequência, nem no que diz respeito a cuidados consigo mesmos. Basta que, como pequenos Narcisos, sejam contemplados em suas belas conquistas, continuando a ser o centro das atenções, mimados e infantilizados.

Amor ou prazer

A vocação do ser humano para o amor é evidente no ato da criação. A ação de Deus é contínua, cuidadosa. Ele cria e continua criando, beijando homens e mulheres a cada momento. Receber o beijo amoroso e criador de Deus é o que nos habilita para a vida. "Viver é receber continuamente o beijo pelo qual um Deus apaixonado pelo seu Adão-humanidade se compromete com a criatura."[15]

O corpo, sendo mediação do amor, foi feito também para sentir prazer, como expressão do eros. A sexualidade, parte desse corpo, permeia sua realidade concreta, permitindo que a pessoa possa expressar toda a riqueza do mais belo sentimento do ser humano. Por essa razão, não há motivo para ingenuidades ou para falsos pudores.

---

15. ROY, ANA, *Tu me deste um corpo*, São Paulo: Paulinas, 2000, 66.

O amor se expressa em ação através de uma carícia, de um beijo ou de alguma outra forma de contato físico de natureza afetuosa. A afirmação verbal "Eu te amo" denota um desejo de proximidade e deixa implícita uma promessa de proximidade física. Teoricamente, esta afirmação expressa um sentimento que será transportado para uma ação num momento posterior[16].

Ao recebermos expressões de carinho, aconchego, conforto, é também através de nosso corpo que aprendemos a corresponder a isso e a manifestar o mesmo amor às pessoas. Montagu afirma que o amor é sexual no mais saudável sentido desse termo. Envolve acolhimento, interesse e um olhar atento aos desejos e fragilidades do outro.

Negar tal posicionamento com relação ao corpo seria entrar na alienação, seria negar o próprio ser humano, pois existem três dimensões na pessoa completa: não só a espiritual ou mesmo a mental, mas também a corporal, já que se integram e se valorizam mutuamente. Com o corpo realizamos todas as nossas atividades, como também com ele rezamos, encontramo-nos com Deus em nossa oração.

A sociedade atual gira em torno do provisório, do descartável. No passado, os móveis e outros objetos de uma casa eram fabricados para acompanhar a vida da família. Hoje, todas as coisas são fabricadas com tempo de uso bastante limitado. Como o objetivo é o lucro, a qualidade desses produtos passa a ser irrelevante. O descarte e a substituição acontecem com muita facilidade.

Além disso, com o avanço da tecnologia, não só modelos novos vão surgindo, mas também recursos novos que tornam desatualizados quaisquer objetos adquiridos até há pouco

---

16. LOWEN, O corpo traído, 261.

tempo. Somos compelidos constantemente à renovação. O "importante" é viver o momento presente sem compromissos ou responsabilidades com o que vinha antes e com o que vem depois.

Nesse contexto em que o *ter* (dinheiro, posses, *status*, prazer) é a meta, as pessoas deixam de ser prioridade, valendo apenas pelo que produzem ou pelo que possuem. Valores como verdade e amor (emoções, afeto) são pouco considerados. Leva-se em conta o que dá prestígio, gosto ou satisfação imediata.

A proibição de entrarmos em contato com nossos sentimentos e afetos mais íntimos e de os manifestarmos uns aos outros, constituindo o que chamamos de "repressão cultural", nada resolve a respeito do mistério do corpo. Não o soluciona, antes, o agrava, contemporizando a visão libertadora de sua verdadeira missão, qual seja, a de ser a expressão do amor. Nesse caso se observa a diferença de "educação" que filhos e filhas recebem. Por um lado, há a atitude clássica da menina, que é ensinada a sentar com as pernas fechadas, que ouve muitas vezes "não toque aí", e inúmeras outras recomendações que, no fundo, a impedem de conhecer o próprio corpo.

Por outro lado, o menino aprende desde cedo que, mais que viril, precisa ser macho. Muitos são incentivados por adultos a "mostrar o documento", o que na verdade quer dizer mostrar o pênis, pois, no caso, concentra a definição de ser homem. A ênfase costuma estar na conquista de parceiras com quem possa ter relacionamentos sexuais, em que o amor não é valorizado. O que é levado em conta é o prazer genital, sem outro sentido maior ou mais profundo.

A capacidade da mulher como ser pensante, capaz de amar, refletir e ter desejos, não costuma ser devidamente respeitada. Embora grande número delas venha se destacando em muitas áreas historicamente vistas como redutos masculinos, ainda se percebe certo desconforto por parte de muitos homens em reconhecer o óbvio.

Quanto mais a mulher tiver consciência de seu valor e de sua dignidade, tanto mais se posicionará com firmeza a respeito de si mesma, de seu direito de viver um amor autêntico, livrando-se da estrutura cultural machista e consumista que reduz o corpo a algumas partes, fazendo dele objeto de uso.

Lembrando-me do encontro que tive com aquele casal de carrinheiros, pensei na histórica desvalorização da mulher, desde o contexto bíblico da história de Israel e até hoje. Quanto dessa mentalidade ainda permeia a convivência social e tem sido absorvida sem maior reflexão pelas novas gerações!

Nas próximas páginas, passaremos por alguns trechos da época retratada na Sagrada Escritura, para verificarmos como a situação da mulher e a questão do feminino eram então propostas.

A CONDIÇÃO FEMININA NO CONTEXTO BÍBLICO

Um pouco de história

A Bíblia, de modo especial o Primeiro Testamento, escrito em período patriarcal, tende a exaltar os valores do homem, relegando a mulher a um plano de inferioridade. Retrata a cultura em que predominava o machismo, como resultado daquele tipo de sociedade marcada pela crença da supremacia do homem sobre a mulher. "O contexto cultural da Grécia e do império romano, onde cresceu o cristianismo, o marcou profundamente. O dualismo corpo/alma, taxando o primeiro das fraquezas da carne e das piores desgraças e a segunda dos privilégios e favores da graça, perdurou durante séculos."[1]

Ao mesmo tempo, no texto bíblico são encontrados exemplos que privilegiam a libertação e o resgate do feminino. No período patriarcal de Israel, o ambiente social e familiar era marcadamente androcêntrico e poligâmico, porém, cabia às esposas a luta pela geração de herdeiros que

---
1. ROY, *Tu me deste um corpo*, 93.

seriam o sustentáculo econômico das famílias. Sara, mulher de Abraão e que era estéril, supondo que sua situação não fosse por acaso, mas porque Deus lhe impedia de ter filhos, propôs ao marido que tomasse sua escrava egípcia, Agar, a fim de lhe dar um filho.

As mulheres estão presentes e marcam pontos-chave da história de Israel e do cristianismo; história que se tornou parâmetro para compreendermos a própria ação de Deus dentro de toda a história. E o que vemos nessa história? Um séquito de mulheres que, embora reprimidas e relegadas à sombra, souberam representar seu papel na sequência de eventos que tinham no bojo a ação do próprio Deus[2].

Essa atitude, por mais estanha que nos pareça hoje, fazia parte do código de Hamurabi, que autorizava a mulher a oferecer sua escrava ao marido. A criança que nascesse dessa união seria considerada da patroa. Ao renunciar à criança, a serva ganharia a liberdade. Se, por acaso, se recusasse e permanecesse com a criança, voltaria à escravidão.

Foi o que aconteceu com Agar, ao se ver grávida: passou a tratar a patroa com superioridade, a ponto de esta se queixar ao marido pela situação. Abraão deixou a decisão com Sara, que, enciumada, insistiu com o marido para expulsar Agar junto com o filho, temendo que este pudesse chegar a ser herdeiro legal.

A força do feminino

A mulher, em Israel, era vista como matriz de mão de obra, sempre em submissão ao homem, como fica eviden-

---

2. STORNIOLO, IVO, apud PERERA, SYLVIA B., *Caminho para a iniciação feminina*, São Paulo: Paulinas, 1985, 11.

te desde as colocações do livro do Gênesis. Em Gênesis 2,18, é chamada de "auxiliar que lhe corresponda", e em Gênesis 3,16 se afirma que o marido "a dominará". Terá, portanto, direitos limitados, com participação muito modesta nos espaços do culto. A mulher interessava enquanto fosse serviçal, e ainda não se lhe atribuía ser "imagem e semelhança", palavras do Criador no momento da criação do ser humano (Gn 1,26-27).

As irmãs Lia e Raquel, filhas de Labão, que foram casadas com Jacó e tinham igualmente dificuldade para engravidar, retratam bastante bem a realidade daquele povo. "Fabricar" filhos era para elas uma forma de ser valorizadas. Entretanto, a rivalidade entre ambas era grande, pois cada uma queria suplantar a outra. Tal atitude acabou levando Raquel, primeiro, a usar sua escrava Bala para conseguir ter um filho e, depois, à morte, ao tentar, depois de muito esforço, ter mais um filho para, desse modo, superar Lia (Gn 29,31). Esta, por sua vez, embora fosse fértil, usou sua escrava Zelfa para a mesma finalidade, quando já não mais podia engravidar (Gn 30,1-22).

Moisés, o grande libertador do povo hebreu do Egito, foi salvo por três mulheres: sua mãe, que o escondeu em um cesto colocado no rio Nilo; Miriam, sua irmã, que o ficou vigiando para ver o que aconteceria com ele; e a irmã do Faraó, que o recolheu e o criou como filho (Ex 2,7-9). A atitude corajosa e a presença de espírito de Miriam, apresentando-se como mediadora entre a irmã do Faraó e sua mãe, no intuito de salvar o irmão, Moisés, revelou-se igualmente expressiva na libertação do povo hebreu do Egito.

Após a longa e penosa travessia do deserto, aprendendo a caminhar com o Deus libertador sob sua liderança, os hebreus estavam agora às portas da Terra Prometida. Muita gente já habitava aquele território e, segundo os recém-chegados, deveria ser desalojada para que eles tomassem conta definitiva do lugar.

Com a morte de Moisés, Josué foi designado para ser-lhe o sucessor, encarregado, portanto, de fazer valer o direito de posse, já que lhe era clara a doutrina da eleição de Israel e da constituição teocrática de sua gente.

Tendo como pano de fundo a terra e a família (a "casa"), agora como camponeses, tinham em mente sua vida de relações sociais e econômicas. Na casa havia lugar para as pessoas, independentemente de sua situação: pobres e doentes, órfãos e viúvas. A sociedade da época era constituída de muita gente, incluindo, além da família nuclear, servos e estrangeiros.

O sistema sociopolítico tinha por base a solidariedade e a partilha, como exprime o livro do Deuteronômio, ao falar do dízimo anual:

> Todos os anos separarás o dízimo de todo o produto da tua semeadura que o campo produzir, e diante de Iahweh, teu Deus, no lugar que ele houver escolhido para aí fazer habitar o seu nome, comerás o dízimo do teu trigo, do teu vinho novo e do teu óleo, como também os primogênitos das tuas vacas e das tuas ovelhas, para que aprendas continuamente a temer Iahweh, teu Deus (Dt 14,22-23).

Ou ao referir-se à remissão do ano sabático, significando que todo credor que houvesse emprestado alguma coisa, o remitiria a cada sete anos, não explorando seu próximo nem seu irmão (Dt 15,1-11).

As famílias moravam próximas umas das outras, formando um clã, povoado ou aldeia, possuindo comunitariamente a terra, a qual não podia ser vendida, mas passava de geração em geração como propriedade comum. O resultado excedente do trabalho delas era levado como primícias ao santuário e entregue aos sacerdotes, o que impedia o acúmulo injusto nas mãos de alguns poucos (Dt 26,1-11). E não se cobravam juros em caso de empréstimo com a mesma finalidade social (Dt 24,10-13). Toda essa mentalidade conduzia o povo a uma organização solidária bastante feliz, harmoniosa e igualitária. Tal situação começou a entrar em colapso com a ambição de alguns, que procuravam apoderar-se gananciosamente dos bens do povo. "David devastava a terra, não deixava com vida nem homem nem mulher, arrebatava ovelhas e vacas, jumentos e camelos e roupa, e retornava com tudo a Aquis" (1Sm 27,9). Ficava, assim, a riqueza acumulada nas mãos de poderosos e dos sacerdotes, que, com o auxílio das forças armadas, cobravam tributos para garantir ao povo a segurança de suas terras.

> Nas melhores terras cultiváveis das planícies de Canaã existiam antigas cidades como Jericó, Hai, Laquis e outras, governadas por reis e defendidas por exércitos e muralhas. Outrora dependentes do Egito, a quem pagavam tributos, essas cidades começaram a ter certa independência em meados do século XIII a.C. e se puseram em contínuas lutas entre si, buscando hegemonia política sobre todo o território. Quem pagava tudo eram os camponeses, cada vez mais explorados por meio de tributos e trabalhos forçados[3].

É possível imaginar em Israel uma multidão de mulheres que faziam um trabalho constante de retaguarda, eram submissas a seus maridos e cuidavam dos filhos e da boa ordem de suas casas. Apesar desse denominador comum, aparecem

---

3. STORNIOLO, IVO, *Como ler o livro de Josué, Terra = Vida – Dom de Deus e conquista do povo*, São Paulo: Paulus, ³1997, 25.

na Bíblia figuras notáveis de mulheres que se destacaram sobre as demais pelo seu valor.

Uma delas, Ana, era infeliz naquela sociedade patriarcal e poligâmica em que o homem tudo decidia e a qual não podia evitar casos frequentes de rivalidade entre as parceiras de um mesmo marido. Contra ela, estéril, embora muito amada pelo marido Elcana, havia Fenena, a outra esposa, que a ridicularizava: "A sua rival também a irritava, humilhando-a, porque Iahweh tinha fechado seu seio" (1Sm 1,6).

Não bastava amar o marido e ser por ele amada para ser respeitada; a mulher tinha que ser fértil segundo as expectativas de então. Ter filhos era fundamental, porque garantia sobrevivência para ela e também significava uma bênção de Deus, enquanto a esterilidade era considerada uma espécie de maldição. "O amor por seu marido é o primeiro segredo para entender sua profunda influência como mãe. Ao contrário da opinião popular, a característica mais importante de uma mãe piedosa não é o relacionamento com os filhos, mas sim o amor pelo marido."[4]

Com o exílio na Babilônia, Jerusalém foi destruída por Nabucodonosor e uma multidão de gente foi morta. Ciro, rei dos Persas, tendo derrotado esse rei, permitiu a volta do povo hebreu. Parte dos que voltaram, apesar da vontade e do prolongado tempo de esforços, não teve êxito em reconstruir a nação.

Havia muita pobreza, muita fome. Como as pessoas não tinham mais terra para cultivar, chegavam a vender os filhos para ter o direito de trabalhar nas terras de outros, situação que aparece no livro de Neemias. Naquele tempo, muitas mulheres se destacaram como ícones de uma luta contra a opressão que sempre as marginalizou.

---

4. MACARTHUR, JOHN, *Doze mulheres extraordinariamente comuns*, Rio de Janeiro: Thomas Nelson Brasil, 2019, 112.

O povo repatriado sob o império de Ciro, mesmo sem independência política, tinha permissão de reestruturar-se quanto às práticas religiosas e às tradições culturais. Para os persas, porém, havia interesse em manter o território de Judá sob controle, dada sua posição estratégica no domínio do Egito, desejoso de libertar-se do jugo imperial.

Por isso, o imperador Artaxerxes entregou a reorganização do povo nas mãos dos sacerdotes, os quais condicionaram a vida social sob o enfoque do Templo e da Lei mosaica, invadindo todos os recantos da sua privacidade. Enviou a Jerusalém Esdras, sacerdote e escriba, com a missão de reorganizar o povo em torno do Templo e da Lei de Deus, que se tornou a Lei do rei (Esd 7,24-26). Assim, era considerado puro o que estava de acordo com aquele critério legal, senão seria impuro.

Também de acordo com essa mesma Lei, as ofertas, os primogênitos e as primícias se transformaram em dízimo obrigatório ou tributo a ser entregue para os levitas no Templo, "estocados" na sala do tesouro e "embolsados" pelos sacerdotes chefes (Ne 10,39). O sacrifício de comunhão, segundo a Lei, era entregue ao sacerdote e a seus filhos (Lv 7,34).

Nas celebrações no Templo de Jerusalém, as mulheres ocupavam um lugar não só longe do altar, mas também abaixo do dos homens. Nas sinagogas havia separação entre homens e mulheres, sendo que estas ficavam mais atrás. Sua participação restringia-se a estar presentes, pois não podiam fazer as leituras nem lhes era atribuída qualquer função de destaque. "Enquanto mulher, ela era, senão excluída do culto, pelo menos afastada para um lugar marginal."[5]

Enquanto da parte do povo era promovida a partilha, segundo a lei da hospitalidade, da parte do rei surgia a lei da perseguição, originada de uma mentalidade ambiciosa,

---
5. ALMEIDA, RUTE SALVIANO, *Vozes femininas no início do cristianismo*, São Paulo: Hagnos, 2017, 131.

tendo como fruto uma política de conquista. Por essa razão, o livro de Josué descreve a situação de risco tanto dos dois aventureiros enviados por ele para espionar a nova terra, Jericó, quanto a da mulher que os acolhera.

Embora a mulher nesse período fosse menos considerada, Rahab (Js 2,1-14) era diferente. Ela liderava a família, assumia iniciativas como a de ter uma fábrica de tecidos e a de acolher com autonomia os dois estranhos em sua casa. Era, então, malvista, não só por ser apontada como prostituta, mas principalmente por ser estrangeira, cananeia. Mesmo assim, desempenhou papel importante nos inícios da conquista, tanto por sua fé, citada na Carta aos Hebreus (11,31), quanto por suas obras, como na Carta de Tiago (2,25).

Por baixo de toda a invasão das novas terras, permeava a ideologia do Êxodo, que repercute no episódio de Rahab, ou seja, a visão teológica como base da ideologia da conquista da terra em nome de Iahweh. Segundo essa visão, o povo de Israel, como povo escolhido e consequentemente raça pura, tinha mais direitos que quaisquer outros povos. Como era Iahweh que o conduzia, todos lhe deviam ceder o passo. Em Josué 6,17, Rahab aparece premiada com a conservação da vida, juntamente com todos os de sua casa, pela ajuda prestada aos espiões de Josué.

As famílias moravam próximas umas das outras, formando um clã, povoado ou aldeia, e possuíam comunitariamente a terra, a qual não podia ser vendida, mas passava de geração em geração como propriedade comum. Rahab, é verdade, morava numa cidade fortificada com a família, em situação semelhante, trabalhando a terra e levando em frente sua pequena indústria de tecido e linho. O resultado excedente do trabalho era levado como primícias ao Santuário e, "diante do Senhor", era entregue aos sacerdotes (Dt 26), o que impedia o acúmulo injusto nas mãos de alguns poucos.

O diálogo de Rahab com os dois espiões denota algumas realidades: que ela conhecia bastante o povo de Israel e sua história, assim como o Deus dos hebreus, em quem acredita e a quem respeita como Senhor absoluto nos céus e na terra. Daí a seriedade com que procura estabelecer com eles um pacto de segurança para si e para toda a família, da qual parece ter a liderança. Esse diálogo demonstra ainda que eles concordam com a proposta de Rahab, garantindo incolumidade a ela e a sua família, com todos os seus pertences. Eles têm a convicção de que o Senhor lhes dará a terra e, por outra parte, afirmam lealdade para com sua protetora. O bem concordado entre ambas as partes é o dom precioso da vida. A vida é o objeto da transação, tanto o sentido de sobrevivência biológica quanto de sua conservação com qualidade; sentido bem de acordo com a cultura hebraica, como se pode ler em Ecl 9,4-10.

Sara e Rahab são citadas claramente entre os heróis da fé em Hebreus 11,11.31. Em Provérbios 31, a Sabedoria é personificada como uma mulher. A Igreja do Novo Testamento é igualmente representada no livro do Apocalipse, 19,6-8, por uma mulher, a noiva de Cristo[6].

O domínio sobre o corpo

Dentro da lei, maternidade, menstruação, menopausa, entre outros fatos, tornaram-se instrumentos de dominação nas mãos dos sacerdotes e motivos involuntários para que o povo, muito pobre, se tornasse "escravo" da Lei e demissionário da liberdade. Assim, para cada suposto "defeito" havia necessidade de purificação, em forma de gestos de su-

---

[6]. MACARTHUR, *Doze mulheres extraordinariamente comuns*, 16.

jeição e gastos financeiros com a compra de vítimas para os sacrifícios.

É fácil percebermos como, além da dignidade do povo empobrecido, o alvo mais atingido e prejudicado desse movimento acabou sendo o *aspecto corporal* das pessoas, principalmente o das mulheres.

O livro do Levítico se esmera na descrição minuciosa dos rituais, que beneficiavam os administradores do Templo, eles mesmos isentos de tributação. Os redatores do código de leis desse livro tinham uma ideologia patriarcal e sexista, que justificava e legitimava a exclusão da mulher dos espaços decisivos da vida do povo, especialmente do espaço sagrado.

O corpo da mulher representa o enigma humano que atrai e apavora: dele sai sangue e a mulher não morre; dele sai leite, o alimento que é condição para continuidade da vida. A mulher tem o útero, o lugar obscuro que faz pensar em túmulo, mas que também traz a ideia de um local quente, gerador de vida. A mulher liga-se, pois, à vida e à morte![7]

Em nome da fidelidade ao Templo, era mantido um regime de exploração desenfreada das pessoas. A mulher não tinha a projeção nem a possibilidade de tomar iniciativas sociais. Como acontecia com outras minorias, pobres e estrangeiros, ela não era considerada parte do povo eleito. Tal situação de opressão era, além do mais, "justificada", com o argumento de ser vontade de Deus, pelos sacerdotes e escribas.

Um Deus masculino e supremo legislador, que tinha o Templo como sua confortável residência. Mais ainda, para responder à necessidade crescente de mão de obra e repovoar a região, as

---

7. Van den Born, A. et al., *Dicionário Enciclopédico da Bíblia*, Petrópolis: Vozes, 1977, 73.

mulheres se tornaram uma "fábrica" quase que ininterrupta de filhos, o que prejudicava seus corpos e fazia delas eternas devedoras do Templo[8].

Eco dessa mentalidade aparece no Eclesiastes: "E descobri que a mulher é mais amarga do que a morte, pois ela é uma armadilha, seu coração é uma rede e seus braços, cadeias. Quem agrada a Deus dela escapa, mas o pecador a ela se prende" (7,26). O livro do Eclesiástico o reforça: "Diante de quem quer que seja, não te detenhas na beleza e não assentes com mulheres. Porque das vestes sai a traça e da mulher, a malícia feminina. É melhor a malícia de um homem do que a bondade de uma mulher: uma mulher causa vergonha e censuras" (42,12-14).

A mulher era definida pelas leis de Roma, não como pessoa, mas como coisa. Era tratada como escrava do homem e não como sua companheira e amiga; era comprada, vendida, trocada, desposada, casada, divorciada e separada de seus filhos sem seu consentimento; sem misericórdia, à vontade do capricho do seu senhor[9].

É fácil imaginar por tudo isso quanto estava arraigada essa baixa estima à mulher, inclusive da própria mulher, mergulhada naquele ambiente marcadamente patriarcal e preconceituoso. Efeito dessa mentalidade era a manipulação e dominação das pessoas através do controle do corpo humano, de modo especial o da mulher. Isso perdurou durante muito tempo, sendo que até Maria, mãe de Jesus, foi atingida pelas leis de purificação (Lc 2,22-24).

---

8. Ibid., 65.
9. ALMEIDA, Vozes femininas no início do cristianismo, 131.

Um olhar de esperança

Numa interpretação mais profunda, o que transpira do texto do Cântico dos Cânticos é o sentido da vida como a entrega ao Senhor de todas as coisas, como resposta à entrega que ele faz de si mesmo na criação, na história e nos mínimos pormenores de sua Providência. Esse aspecto era da maior importância para um povo, como o hebreu, para quem Deus era o Rei.

Renasce a esperança ao se perceber que o amor humano tem finalidade em si mesmo, como ponto de encontro das criaturas entre si e com o amor do Criador. A descrição da criação da mulher na imagem da costela de Adão mostra a união íntima entre homem e mulher, isto é, um faz parte do corpo do outro.

Em Provérbios 2,16-17, fica demonstrada que a autenticidade desse amor carnal tem seu fundamento na Aliança de Deus com seu povo. Malaquias 2,14 o confirma, insistindo na aliança entre os esposos como imagem da Aliança com Deus. No Novo Testamento, em Efésios 5,25, a imagem proposta por Paulo é a entrega do marido à esposa, assim como Cristo se entrega à humanidade.

Anos após o retorno do exílio, os livros que davam sustentação ao projeto oficial, como os de Neemias e Esdras, proibiam de maneira contundente o casamento com estrangeiras, porque elas geravam os filhos e garantiam à sua descendência a posse da terra. Colocaram-se na posição de expulsá-las, por acharem que Deus os castigaria por se casarem com elas, deixando entrar costumes pagãos em prejuízo da fé. Além disso, os casamentos com estrangeiras eram tidos como contratos de compra e venda, devendo por isso ser desfeitos.

O livro de Rute rompeu com essa prescrição, evocando o fato de serem estrangeiras como outro atributo na luta das mulheres e aludindo à monarquia que trouxe ao período pós-exílico destruição, fome e doença. As mulheres aí retratadas eram pobres, sem perspectiva de futuro dentro daquela sociedade, podendo representar de várias formas muitas mulheres de hoje.

Os fatos da vida de um povo correspondem à face externa de sua realidade, refletem uma vivência interna. Não basta vermos o exterior de uma cidade, que visitamos pela primeira vez numa excursão mais ou menos apressada. É preciso passar ali mais alguns dias para sentir os matizes de sua mentalidade, de seus costumes e preferências. Assim, em nosso caso, é preciso mergulharmos no relato de Rute para avaliarmos as várias dimensões do que aconteceu, na ocasião em que, decidida, resolveu acompanhar a sogra que voltava a Belém, deixando seu povo e sua cultura para trás.

A figura de Rute se destaca como ícone da luta das mulheres contra a opressão que sempre as marginalizou. Com efeito, ficando com a sogra e acompanhando-a de volta à terra de Judá, Rute assumiu não só a decisão de acompanhá-la para onde quer fosse, mas também a fé no seu Deus. Ficariam unidas tanto pela necessidade de sobrevivência, dada a mútua pobreza, quanto pela gratidão ao Deus que sempre assistira seu povo.

Rute viveu o significado de seu nome, ou seja, "a companheira" ou "a amiga". Muitas eram as mulheres estrangeiras entre os judeus, no tempo de Rute, vivendo as mesmas limitações que ela ao acompanhar Noemi, sua sogra. O Deus de Noemi, que Rute assume e quer seguir, continua sendo o mesmo Deus e Senhor da História nos dias de hoje, para tantas mulheres, ainda discriminadas por serem de outros lugares ou por não terem filhos, e para toda a humanidade.

A história de Rute, da mesma forma, faz pensar na história de Tamar, mulher de Judá, estrangeira igualmente, que, para ter direito à terra, gera um filho do próprio sogro. Como realidade de morte, arrisca tudo, a vida e a dignidade, porque nada mais tem a perder.

Aliás, tanto quanto o de Rahab, o texto de Rute pode desmistificar a crença, já solidificada, da hegemonia de certos países e até de estados sobre outros. O que importa para Deus não é onde se nasceu, mas como se vive a solidariedade. Da mesma forma, quantas outras mulheres sofrem discriminação em nosso país por virem de estados considerados atrasados! Poucas dentre elas conseguem ascender socialmente, dada a visão machista segundo a qual o homem continua sendo o ditador das normas que desnivelam as pessoas.

Esse parece ainda ser o cenário da vida de muitas mulheres que não tiveram oportunidades, dado o despreparo que sofreram pela educação precária da família, sendo muitas vezes desacreditadas e sobrando para elas apenas trabalhos sem qualificação. Com frequência, moram mal, têm dificuldade de manter a si e aos filhos, foram abandonadas pelos companheiros e vivem sem afeto. Tudo isso acaba redundando no sentimento de menos-valia e em baixa autoestima. O Senhor da História continua fazendo aliança com os injustiçados e empobrecidos, inclusive com as mulheres abandonadas e estéreis. Ele desmistifica também a ilusão de que o homem é o único poderoso, o centro, ficando a mulher necessariamente à sua sombra.

Embora existam diferenças na psicologia do homem e da mulher, na sua maneira de ver e sentir as coisas, tal fato não justifica a posição de superioridade de nenhum dos gêneros. Muito pelo contrário, homem e mulher foram feitos para a complementaridade, para a convivência harmoniosa, para a cooperação respeitosa, para se ajudarem mutuamente. Afinal de contas, "Deus criou o homem à sua imagem, à imagem de Deus ele o criou, homem e mulher ele os criou" (Gn 1,27).

Com efeito, quantas mulheres vivem ainda hoje situações injustas em que não encontram espaços para garantir seus direitos, embora se esforcem para conquistá-los. Tantas exercem a dupla função de pai e mãe. Mesmo assim são marginalizadas, excluídas, e, apesar de tudo, continuam indo à luta. Algumas vindas de outros estados do país, sem qualificação, sem projeção social, sem companheiro, vítimas de preconceito, são verdadeiras guerreiras, lutando para se estabelecer e ter seu lugar ao sol. Rahab, a também estrangeira retratada no livro de Josué, da mesma forma não se submeteu ao sistema, não aceitou ser alguém sem voz nem vez; antes, agiu, seguindo sua consciência.

Débora, profetiza, mulher sábia e quarta Juíza de Israel em 1125 a.C., foi uma líder política e espiritual do povo contra o domínio de Canaã (Jz 4 e 5). Na época em que os juízes lideravam os israelitas, Deus a suscitou para assumir a condução de seu povo.

Judite, igualmente (250 a.C.), de extraordinária beleza, tinha o respeito do povo por sua inteligência, bondade e modéstia. Ainda hoje representa a luta dos explorados pela justiça e contra o poder opressor do império. No período em que reinava Antíoco Epífanes IV, o general grego Holofernes era o comandante do exército, cujo objetivo era acabar com o judaísmo. Judite permaneceu firme e decidida a enfrentar o general. Estrategicamente, com grande coragem foi aos poucos o seduzindo, até conseguir degolá-lo, salvando, assim, seu povo. Ainda hoje ela é celebrada no Chanuká, festa das Luzes ou da Consagração, que comemora esse fato: a vitória (165 a.C.) contra a dominação sírio-helênica sobre os judeus.

Outras mulheres tiveram também papel marcante na história de Israel, entre elas Ester, por sua coragem, fé, sabedoria e profunda espiritualidade. Nascida no exílio, órfã, foi criada por seu primo, Mordecai, num período de grande perigo após a destruição do Templo. Não tendo revelado até então o fato de ser judia, ao saber do decreto do rei Assuero para que o povo judeu fosse eliminado, Ester correu risco de vida ao apresentar-se diante do rei, sem ser convidada, para interceder pelo povo. Sua atitude prudente e destemida convenceu o rei a publicar novo decreto, permitindo aos judeus guerrearem e se defenderem, o que os levou à vitória. Sua lembrança, em nossos dias, entre os judeus é comemorada no Purim, festa alegre em que se relembra o jejum convocado pela rainha Ester, a fim de evitar o decreto do primeiro-ministro da Pérsia para assassinar todos os judeus.

Tanto Ester quanto Judite, Débora, Miriam, Rebeca, esposa de Isaac, Ana, Sara e tantas outras foram mulheres determinadas na conquista de seus objetivos e se deixaram conduzir por Deus em benefício do povo. São inegáveis os louvores tecidos a essas mulheres heroicas do Primeiro Testamento.

A nova realidade com Jesus

A condição da mulher em nossos dias, embora ainda tenha muito a melhorar, pode ser considerada à frente do que acontecia no tempo de Jesus, em que continuava a mesma de antes. Elas não tinham direitos e eram colocadas à margem juntamente com as crianças, os idosos e os escravos, valendo apenas para procriar. Jesus as resgatou de tal situação, tratando-as com respeito. Ele as acolhia e também as aceitava como seguidoras.

Uma das mais relevantes teólogas da atualidade, Elisabeth Schüssler Fiorenza, demonstra em sua obra como a leitura da Bíblia pode levar as mulheres ao crescimento espiritual e político, reforçando a busca por autoestima e sobrevivência. Para ela, uma leitura aprofundada da Bíblia desmistifica a supremacia do homem sobre a mulher, passando a ser excelente ferramenta de tomada de consciência das estruturas de dominação. "Seja como fonte de bem-estar, seja como fonte de dependência de um autor, a Bíblia ainda é central na vida de muitas mulheres. Sua visão de justiça e amor ainda inspira muitas mulheres em suas lutas por dignidade e bem-estar."[10]

No encontro com a samaritana (Jo 4,7-42), o acolhimento respeitoso e atento de Jesus quebrou normas preconceituosas vigentes à época. Aquela mulher vivia na Samaria, região habitada por um povo de ascendência babilônica, e, por esse motivo, era malvista pelos judeus. Em razão da vida que levava, aquele era o único horário em que podia ir ao poço sem ser vista: o sol estava bem quente, por isso as outras pessoas evitavam sair, preferindo ficar em casa. Além disso, por ser mulher e estrangeira, era considerada duplamente impura.

A delicadeza de Jesus ao mostrar que sabia de sua situação real e atual, e não a condenava, foi responsável pelo seu processo de conversão, pela mudança de rumo que, a partir de então, ela tomou em sua vida. No início, seu único desejo era tirar água e voltar logo para casa, antes que alguém a reconhecesse e, quem sabe, pudesse julgá-la e condená-la. Tendo sido abordada de modo verdadeiro e acolhedor por Jesus, seu temor desapareceu. Não sentia mais necessidade de pegar água, tanto que deixou o cântaro e correu à cidade disposta a anunciar, a ser discípula.

---

10. FIORENZA, ELISABETH SCHÜSSLER, *Caminhos da Sabedoria. Introdução à interpretação bíblica feminista*, São Bernardo do Campo: Nhanduti, 2009, 15. Essa autora, teóloga alemã, transferiu-se para os Estados Unidos em 1970 e, no ano seguinte, foi eleita para participar do Comitê das Mulheres para os Estudos Religiosos e tornou-se membro da renomada American Academy of Religion, bem como professora de Teologia na Universidade Católica de Notre Dame. Em 1988, transferiu-se para Harvard Divinity School, onde continua ensinando até hoje.

"Vinde ver um homem que me disse tudo o que fiz. Não será ele o Cristo?" (Jo 4,29). [...] Jesus mesmo diz: "Tiveste cinco maridos e aquele que agora tens não é teu marido". E ela, percebendo que ele conhecia os segredos da sua vida, reconhece nele o Messias e corre a anunciá-lo aos seus conterrâneos[11].

Para os rabinos e para todos os "homens de bem" contemporâneos de Jesus, era inconcebível a aproximação com mulheres, menos ainda com aquelas tidas de má fama. Para essa sociedade, toda mulher era considerada inferior, na mesma categoria de crianças, escravos, doentes e idosos. A conduta rígida dos homens evidenciava sua dificuldade de lidar com o mistério presente no íntimo de cada pessoa, a começar por eles mesmos. Era muito mais fácil apontar o dedo, julgar e condenar a vida de outras pessoas, que consideravam desregradas, do que olhar para o próprio interior, a fim de se conhecerem melhor e se apropriarem de sua vida.

Para entrarem em contato com alguma mulher, seria necessário que em primeiro lugar se dessem conta de sua própria verdade, de sua condição de criaturas. A intransigência e o preconceito de conviverem com o diferente, e, de modo especial, com o feminino, também os impedia de conhecer e viver plenamente a sexualidade. Ao abrir espaço para o diálogo com a samaritana, Jesus rompe com a proibição de semelhante tipo de contato, mostrando, ao mesmo tempo, que o ser humano deve vir antes da lei. Todos os padrões estabelecidos são violados por ele ao falar com mulheres, deixar-se tocar por elas e tomar muitas delas como discípulas (Lc 8,1-3).

---

11. JOÃO PAULO II, *Carta Apostólica Mulieris dignitatem. Sobre a dignidade e a vocação da mulher por ocasião do Ano Mariano*. 18 ago. 1988, 13. Disponível em: ‹https://www.vatican.va/content/john-paul-ii/pt/apost_letters/1988/documents/hf_jp-ii_apl_19880815_mulieris-dignitatem.html› Acesso em: jun. 2023.

Em outra ocasião, a atitude de Jesus, ao ser tocado pela mulher que há anos sofria de uma hemorragia (Lc 8,43-48), é de extrema acolhida. Marcada pela conotação de impureza, por causa do fluxo sanguíneo, aquela mulher era rotulada como portadora de doença grave. Por isso, mesmo sabendo que seu gesto era proibido, que não podia tocar alguém nem ser tocada, toca a extremidade do manto de Jesus e imediatamente sente-se curada. Jesus a acolhe e confirma sua cura. "Minha filha, tua fé te salvou; vai em paz" (Lc 8,48).

Ao saber da doença da sogra de Pedro (Mc 1,29-31), Jesus de novo desconsidera a Lei e coloca o ser humano em primeiro lugar, indo visitá-la. Aproxima-se dela, toca-a e a convida a levantar-se, remetendo-a para a missão com esse gesto. "Aproximando-se, ele a tomou pela mão e a fez levantar-se. A febre a deixou e ela se pôs a servi-los" (Mc 1,31).

Em outro momento, com a mulher cananeia (Mt 15,21-28), desqualificada por ser, além do mais, estrangeira, a atitude de Jesus é de quem mais uma vez quebra a rigidez da Lei e a acolhe como pessoa. Embora sabendo o que ela queria, volta-se, olha para ela e lhe dirige a palavra. Sua atitude é de acolhimento e compaixão. Faz uma observação a respeito do que ela pedia, usando a expressão "cachorros", que era como os judeus se referiam aos pagãos, mas não a manda embora. Ao contrário, dá oportunidade àquela pagã de exprimir-se e ainda elogia sua fé. "Mulher, grande é tua fé! Seja feito como queres!" (Mt 15,28).

Se tomarmos o exemplo da mulher que seria apedrejada por adultério, encontramos Jesus acolhendo-a sem acusar, deixando claro que os homens presentes eram responsáveis por aquela situação. Portanto, também eles eram adúlteros. Que atirasse a primeira pedra quem não a tivesse desrespeitado em sua dignidade (Jo 8,3-11).

Esta é uma verdade válida para todo o gênero humano. O fato narrado no Evangelho de João pode apresentar-se em inúmeras situações análogas em todas as épocas da história. Uma mulher é deixada só, é exposta diante da opinião pública com "o seu pecado", enquanto por detrás deste "seu" pecado se esconde um homem como pecador, culpado pelo "pecado do outro", antes, corresponsável do mesmo. E, no entanto, o seu pecado escapa à atenção, passa sob silêncio: aparece como não responsável pelo "pecado do outro"! Às vezes ele passa a ser até acusador, como no caso descrito, esquecido do próprio pecado. Jesus parece dizer aos acusadores: esta mulher, com todo o seu pecado, não é também, e antes de tudo, uma confirmação das vossas transgressões, da vossa injustiça "masculina", dos vossos abusos? O fato de ser homem ou mulher não comporta aqui nenhuma limitação, como não limita em absoluto a ação salvífica e santificante do Espírito no homem o fato de ser judeu ou grego, escravo ou livre, segundo as palavras bem conhecidas do Apóstolo: "Todos vós sois um só em Cristo Jesus" (Gl 3,28). Esta unidade não anula a diversidade[12].

Coube às mulheres o testemunho da ressurreição, apesar da desconfiança dos discípulos que não deram crédito ao que ouviram, pois, para eles, não passava de mais um caso contado por mulheres (Lc 24,22). Mulher do *kerigma* pascal, da essência do anúncio, Madalena foi a primeira a testemunhar e a anunciar o Senhor Ressuscitado (Jo 20,11-18). Foi justamente a essa mulher, que para muitos não era considerada de boa fama, que Jesus se comunicou logo depois da ressurreição, dando-lhe a incumbência de comunicar o fato à comunidade. "Vai a meus irmãos e dize-lhes: subo a meu Pai e vosso Pai; a meu Deus e vosso Deus" (Jo 20,17b).

---

12. Ibid., 16.

A mais proeminente figura feminina do novo testamento, em vista de não ter sido corretamente conhecida, acabou sendo até nossos dias rebaixada à condição de prostituta e de pecadora arrependida. Essa criminalização simboliza na realidade o rebaixamento da figura da mulher em geral, na tradição cristã[13].

Maria Madalena foi a testemunha ocular e a primeira anunciadora do Cristo ressuscitado, antes dos apóstolos, que naquele momento e mesmo em outras ocasiões foram lentos em perceber sua presença. Por essa razão, foi também a primeira a dar-lhe testemunho diante dos apóstolos. Esse acontecimento evidencia o ato de Cristo de confiar as verdades divinas às mulheres, de igual maneira que aos homens.

Enquanto a morte de Jesus foi uma execução, as mulheres que foram até o túmulo mostram, de um lado, solidariedade para quem foi morto injustamente e, de outro, que essa morte não tem a última palavra; visto que o túmulo está vazio, o futuro permanece aberto. Todavia, Jesus não ascendeu à direita do Pai para legitimar direitos patriarcais, mas caminha à nossa frente rumo à Galileia, região conhecida por suas lutas de libertação. Desse modo, Fiorenza põe a presença do Ressuscitado entre os Viventes, ou melhor, em suas lutas para tornarem-se Viventes[14].

A influência masculina, desde o livro do Gênesis, aparece também nas cartas de São Paulo, que viveu nesse contexto

---

13. HOORNAERT, EDUARDO, Igreja e mulher, um diálogo possível? *Adital*, 03 mar. 2011, 1.
14. GREEN, ELIZABETH, *Elisabeth Schüssler Fiorenza*, São Paulo: Loyola, 2009, 54. A autora, teóloga inglesa radicada na Itália e pastora da Igreja Batista de Cagliari e Carbona, em sua vasta obra, deixa claro que as terríveis passagens de violência contra a mulher através da história milenar da Igreja resultam da conivência com o sistema sociopolítico e simbólico, que permitia e por vezes até incentivava essa violência.

de desequilíbrio de gênero. Entretanto, ele mesmo enfatiza em outros de seus textos que em Jesus Cristo somos todos iguais, desaparecendo as diferenças (Gl 3,28). Refletir sobre a questão de gênero sob vários aspectos, especialmente teológicos, interpretando-a à luz do bom senso, das ciências humanas e especialmente da Revelação, parece ser o ponto mais profundo para poder contribuir na desconstrução da visão patriarcal de Deus, com todas as consequências no relacionamento entre mulheres e homens, além de explicitar a relação transcendente do feminino com o próprio Deus: qual sua intenção ao criá-lo? Como Deus se autocomunica por esse meio?

As teologias têm sido masculinas, incluindo aí os próprios hagiógrafos do Primeiro e do Novo Testamentos, os quais basearam sua reflexão teológica a partir de sua experiência masculina e da cultura em que viviam. Contudo, o substrato dos escritos deixa entrever o principal: a mensagem de um Deus de amor, cheio de bondade e cuidados com relação aos seres humanos, ajudando-os a superar sua fragilidade. O masculino de Deus, na verdade, engloba também o feminino. No aspecto sociocultural, marcadamente patriarcal em que ocorreu, a revelação aparece como masculinizante: Deus é Pai, o Verbo se encarna como Salvador da humanidade, os apóstolos, por sua vez, também são homens. A mulher não aparece como protagonista, mas como figurante.

> Encontramos no evangelho de Mateus quatro mulheres relacionadas na genealogia de Jesus: Tamar, Rahab, Rute e Betsabeia. Se as olharmos de perto, veremos que nenhuma delas foi um exemplo de moral. Culpa delas, ou da sociedade patriarcal que as relegou à sombra da prostituição e ao subterfúgio da trapaça para encontrar um lugar ao sol? Contudo, "Maria, a virgem mãe do Messias Jesus, é o protótipo da libertação de

todas as mulheres, e o canto que o evangelista Lucas coloca em sua boca faz-nos ouvir o hino da redenção do princípio feminino: Minha alma proclama a grandeza do Senhor, meu espírito se alegra em Deus, meu salvador, porque ele olhou para a humildade de sua serva..." (Lc 1,46ss)[15].

No século I depois de Cristo, muitas mulheres se destacaram pelo compromisso com a fé. Uma das primeiras a converter-se na época de Paulo foi Lídia de Tiatira (At 16,14), prosélita judia convertida ao monoteísmo, à religião judaica, que teve uma participação importante no início da Igreja e atuação destacada nos Atos dos Apóstolos, quando hospedou Silas e Lucas em sua casa, e também Paulo, antes de sua partida (At 16,14-15). Na Igreja de Filipos tornou-se conhecida por sua hospitalidade. Comerciante de púrpura, era arrimo da família, na cidade famosa por suas tinturas.

Priscila, diminutivo de Prisca, foi uma das primeiras divulgadoras do Evangelho em Roma. Seu marido Áquila é citado nos Atos dos Apóstolos como esposo de Priscila e está entre os setenta discípulos. Priscila cooperava com Paulo e o seguia de perto ao lado de Áquila (At 18,2-3), com grande generosidade e disponibilidade para servir a Deus, testemunhando Jesus Cristo e, se necessário, entregando a própria vida (Rm 16,3-5).

A teóloga americana Elizabeth Castelli afirma que a posição de desigualdade entre mulheres e homens, incluindo a questão da sexualidade, desde o início do cristianismo, foi bastante acentuada no período conhecido como "Era de Ouro" dos primeiros Padres da Igreja. João Crisóstomo, Gregório de Nissa e muitos outros descreviam o casamento como o "mal preponderante", afirmando que toda história começa com casamento e termina em tragédia.

---

15. STORNIOLO, apud PERERA, *Caminho para a iniciação feminina*, 12-13.

Embora os Padres da Igreja possam ter defendido o casamento, eles também eram bastante zelosos em reafirmar imagens e suas limitações, a fim de criar um contraste mais nítido entre ele e o ideal da virgindade. O tema do aspecto sofrido do casamento é comum na tradição retórica helenística e tornou-se um útil lugar-comum na construção da noção de virgindade na literatura do século IV. [...] A vida da mulher casada é cheia de desgosto e preocupação. Ela deve levar em conta os membros da família e seus interesses, sua má sorte, sua falta de dinheiro, suas doenças, seus acidentes e suas mortes. Ela deve preocupar-se com o caráter de seu marido e depois com sua própria fertilidade – quer ela possa ser estéril ou, pelo contrário, ter muitos filhos[16].

Por outro lado, Castelli lembra que, segundo os Padres da Igreja, a virgem, em contraste com a mulher casada, sofre com alegria por Cristo e escapa de muitas dificuldades da vida de casada. "A linguagem erótica que rodeia as descrições do encontro de uma virgem com Cristo é bastante notável. A metáfora do casamento leva a um tipo de sexualidade espiritualizada."[17]

De Eva a Maria, um caminho novo

A expulsão do paraíso fez de Eva, durante séculos, a representante da sedução e a balizadora do feminino. O peso da culpa atribuída a ela passou a fazer parte do universo

---

16. CASTELLI, Elizabeth, Virginity and its meaning for women's sexuality in early Christianity, *Journal of Feminist Studies in Religion*, New York, 1986, 68. Castelli, teóloga americana, é professora e diretora do Centro de Pesquisa sobre Mulher, na Faculdade Barnard, em Nova York, e especialista em Estudos Bíblicos, Cristianismo Primitivo e Estudos de Feminismo e Gênero em Religião. (Tradução da autora).
17. Ibid., 70.

da mulher, sob a forma das dores do parto e da dominação pelo homem. *À mulher ele disse*: "Multiplicarei as dores de tuas gravidezes, na dor darás à luz filhos. Teu desejo te impelirá ao teu marido e ele te dominará". Ao homem, ele disse: "Porque escutaste a voz de tua mulher e comeste da árvore que eu te proibira comer, maldito é o solo por causa de ti! Com sofrimentos dele te nutrirás todos os dias de tua vida. Ele produzirá para ti espinhos e cardos, e comerás a erva dos campos" (Gn 3,16-18).

A interpretação rígida desse texto perdurou por muito tempo e, quando por volta de 1930 surgiram os primeiros estudos sobre o parto sem dor, aconteceram posicionamentos bastante enérgicos por parte de vários teólogos. Tal atitude retardou o consentimento do uso de anestésicos no parto, o que só passou a ser admitido quando o Papa Pio XII declarou o parto sem dor como "não ilícito".

> O primeiro casal foi condenado ao sofrimento do trabalho com o suor do rosto, e a mulher ao parto com dor, o que reflete a consequência e o mistério da "não semelhança" com Deus, na qual consiste o pecado, e que se manifesta no mal presente na história do mundo: da "não semelhança"! Com Deus, o único que é bom (cf. Mt 19,17) e que é a plenitude do bem. [...] a perspectiva da "fadiga" com que o homem há de procurar os meios para viver (cf. Gn 3,17-19) [...] Tudo isto, depois, é marcado pela necessidade da morte, que constitui o termo da vida humana sobre terra[18].

Tertuliano, *Quintus Septimius Florens Tertullianus*, que entre o final do segundo e o início do terceiro século inaugurou a literatura cristã em língua latina, iniciou uma teologia nessa

---
18. JOÃO PAULO II, *Carta Apostólica Mulieris dignitatem*, 9.

língua. A sua obra deu frutos decisivos, que seria imperdoável subestimar. A sua influência desenvolve-se em diversos planos: parte da linguagem e da recuperação da cultura clássica, chega à localização de uma "alma cristã" comum no mundo e vai até a formulação de novas propostas de convivência humana. Não conhecemos com exatidão as datas do seu nascimento e da sua morte, mas sabemos que em Cartago, nos finais do século II, de pais e de professores pagãos, recebeu uma sólida formação retórica, filosófica, jurídica e histórica. Depois, converteu-se ao cristianismo, atraído, como parece, pelo exemplo dos mártires cristãos. Começou a publicar os seus escritos mais famosos em 197; porém, uma busca demasiado individual da verdade, juntamente com as intemperanças do seu caráter – era um homem rigoroso –, levaram-no gradualmente a deixar a seita do montanismo. Contudo, a originalidade do seu pensamento e também a incisiva eficiência da sua linguagem garantem-lhe uma posição eminente na literatura cristã antiga[19].

Segundo Tertuliano, Eva estaria condenada a percorrer um caminho de penitência reparadora, por ter sido a porta pela qual entrou o pecado no mundo. Pela interpretação inadequada da desobediência, ela, e por extensão toda mulher por ela representada, passou a ser classificada como inimiga do gênero humano, aquela que conduz a humanidade à transgressão.

Do mesmo modo, durante séculos, o relato da desobediência esteve ligado à relação sexual. Tal associação equivocada contribuiu para que fosse estabelecido que o encontro conjugal só poderia acontecer para a procriação, e não para a convivência prazerosa entre os cônjuges. Semelhante visão acabou favorecendo que o assunto passasse a ser tratado como tabu, gerando conflitos ainda maiores.

---

19 Papa Bento XVI, *Audiência Geral*, Roma, Libreria Editrice Vaticana, 30 maio 2007.

Sua concepção imaculada inclui muito mais do que a afirmação de ser preservada e livre do pecado original. Este fato constitui o suporte real para toda uma constelação de símbolos e para trazer à memória os mitos do paraíso perdido e recuperado. Maria é o botão não bafejado pela serpente, o paraíso concretizado no tempo histórico, a primavera cujas flores e frutos não conhecerão mais o perigo da contaminação e da podridão[20].

Em Maria, Deus constrói, desde o início, o referencial do feminino. Por meio dela, a mulher do Novo Testamento, e por sua atitude livre na Anunciação, a porta da salvação para o mundo é aberta. Ela apenas pergunta: "Como isso vai acontecer?", para em seguida aderir incondicionalmente ao plano de Deus que lhe fora reservado. Com sua resposta firme na Anunciação, "faça-se em mim" (Lc 1,38), Maria colocou-se nas mãos de seu Senhor, passando a ter papel relevante na História da Salvação. É ela quem inaugura novo paradigma feminino, resgatando o sentido autêntico de dignidade, ao mostrar que ser mulher é muito mais do que apenas pertencer ao gênero feminino; implica a consciência de fazer parte do projeto de Deus na criação, de conhecer sua potencialidade e poder desenvolvê-la na liberdade.

Maria é testemunha do novo "princípio" e da "nova criatura" (cf. 2Cor 5,17). Melhor, ela mesma, como a primeira redimida na história da salvação, é "nova criatura": é a "cheia de graça". Maria é o "novo princípio" da dignidade e da vocação da mulher; de todas e de cada uma das mulheres. "Grandes coisas fez em mim": esta é a descoberta de toda riqueza, de todos os recursos pessoais da feminilidade, de toda a eterna originalidade da "mulher", assim como Deus a quis, pessoa

---

20. Boff, Leonardo, *O rosto materno de Deus*, Petrópolis: Vozes, 1979, 252.

por si mesma, e que se encontra contemporaneamente "por um dom sincero de si mesma"[21].

Seu *Magnificat* (Lc 1,39-56) tornou-se resposta de quem aceita ser a escolhida, a que acolhe viver como a mulher do anúncio das maravilhas, que reconhece que Deus plantou em seu ser.

Submeteu-se integralmente à lei da purificação como qualquer outra mulher de sua época. Mais uma vez guardou em silêncio, sem alarde, o anúncio da profecia que lhe fora dirigida, aguardando que se cumprissem as promessas a seu respeito e a respeito de seu Filho. "Eis que este menino foi posto para a queda e para o soerguimento de muitos em Israel, e como um sinal de contradição – e a ti, uma espada traspassará tua alma! – para que se revelem os pensamentos íntimos de muitos corações" (Lc 2,34-35).

Durante a visita ao Templo em Jerusalém, embora aflita à procura do filho adolescente, soube ser acolhedora e atenta (Lc 2,46-50), para, em seguida, conservar no coração o que ainda era mistério. Os evangelistas a apresentam como aquela que escuta, reflete, guarda e aguarda o momento da ação de Deus. "Sua mãe, porém, conservava a lembrança de todos esses fatos em seu coração" (Lc 2,51).

Em Caná, com sua atitude sensível, solícita e firme, revelou-se a discípula missionária, percebendo aquilo que para as demais pessoas não estava evidente. Ao mesmo tempo solidária, despretensiosa e discreta, mostrou-se pronta para disponibilizar o Filho Jesus para a missão e para servir com ele. "Fazei tudo o que ele vos disser" (Jo 2,5).

Companheira e seguidora de Jesus, acompanhou-o junto com outras mulheres até a cruz (Jo 19,25), onde foi entre-

---

21. João Paulo II, *Carta Apostólica Mulieris dignitatem*, 11.

gue aos cuidados de João, o filho que a acolhe a partir daí. "Mulher, eis teu filho!" (Jo 19,26). Na pessoa de João, a quem ela aceita como filho, fica representada toda a humanidade, que passa a ter nela sua mãe. Depois diz ao discípulo: "Eis tua mãe! E, a partir dessa hora, o discípulo a recebeu em sua casa" (Jo 19,25-27).

Em Pentecostes, podemos ter certeza de que Maria era a animadora da comunidade reunida no Cenáculo. "Todos estes, unânimes, perseveravam na oração com algumas mulheres, entre as quais Maria, a mãe de Jesus, e com seus irmãos" (At 1,14). A narrativa expressa o fato de que Maria habitualmente convivia com os discípulos e seguidores de seu Filho, homens e mulheres. Além disso, dentro da caminhada coerente de Maria, do que ela foi vivendo durante toda a vida e após a ressurreição, nada mais lógico que ser levada ao céu. A assunção ao céu em corpo e alma foi o coroamento e a consequência natural do processo de quem já vivia inteiramente em união com Deus, e é prenúncio do que deverá acontecer a toda a criação.

> Ela concebeu, gerou, nutriu a Cristo, apresentou-o ao Pai no Templo, compadeceu com seu Filho que morria na cruz. Assim, de modo inteiramente singular, pela obediência, fé, esperança e ardente caridade, ela cooperou na obra do Salvador para a restauração da vida sobrenatural das almas. Por tal motivo ela se tornou para nós mãe na ordem da graça[22].

Maria, geradora não só do Jesus histórico como também do Cristo místico, inicia para os seres humanos uma nova era de esperança. Por esse meio, convida-nos a sair da espera

---

22. PAULO VI. *Constituição Dogmática Lumen Gentium*, sobre a Igreja, 21. nov. 1964, n. 61b. Disponível em: <https://www.vatican.va/archive/hist_councils/ii_vatican_council/documents/vat-ii_const_19641121_lumen-gentium_po.html>. Acesso em: jun. 2023.

passiva, talvez até mesmo nostálgica, para nos dispormos a colaborar na História da Salvação, com uma esperança participativa, consciente e coerente. De modo especial, esse convite nos leva à clareza de que todas as mulheres, das quais ela é a expressão mais feliz, são chamadas a gerar Jesus no mundo.

A fé cristã confere a Maria Santíssima uma importância ímpar e transcendente. Sua dignidade eminente reside no fato de ser a mãe do Deus encarnado; não apenas num sentido físico-biológico, mas principalmente num sentido de engajamento pessoal e livre [...] corporifica também o que deve ser a Igreja como comunidade dos redimidos; somente em Maria a Igreja realiza seu arquétipo e sua utopia; em Maria a Igreja é totalmente Igreja[23].

A produção teológica da mulher, ainda hoje, nem sempre é tida como contribuição relevante no cenário acadêmico, em faculdades e revistas especializadas, o que denota um viés patriarcalista, vigente em nosso tempo. É com grande empenho que a mulher vem atuando no sentido de poder ocupar espaços de igualdade com os homens, sejam quais forem as áreas de presença e de participação no mundo e na Igreja. Parece ainda faltar consciência histórica e mais ainda consciência crítica para sopesar os dados e avaliar o que vai sendo proposto no mercado dos valores humanos.

Como a graça supõe a natureza e a aperfeiçoa, a Igreja de Jesus Cristo precisa analogamente debruçar-se sobre o drama da multidão de mulheres que, através da história de muitos séculos, vem sendo submetida ao jugo preconceituoso do poder masculino e ao desnivelamento social.

---

23. BOFF, *O rosto materno de Deus*, 21.

A religião cristã, mesmo em suas formas secularizadas, continua a desempenhar um papel fundamental na cultura do Ocidente; ignorá-la ou considerá-la superada significa não chegar à raiz de importantes questões que continuam a agitar a sociedade (como os direitos das mulheres), e entregá-la nas mãos de forças conservadoras e machistas, cujas primeiras vítimas são, mais uma vez, as mulheres[24].

O que tem sido feito quanto aos direitos da mulher até hoje é o que veremos nas próximas páginas.

Direito feminino, uma conquista

Falar de direito é o mesmo que falar de cidadania, a qual é uma construção histórica. Implica direitos e deveres de quem está inserido na cidade, na *polis*, e por isso sua ação é política, ainda que não seja partidária. Se a cidade é constituída de cidadãos, a construção da cidadania é coletiva.

Acontece que, criados nas cidades, mas levados a viver o isolamento individualista, mais facilmente construímos uma sociedade em que predomina o masculino, isto é, a mentalidade que privilegia a supremacia do homem em detrimento da mulher.

Homens e mulheres igualmente são sujeitos de direitos e deveres. A identidade masculina, porém, está associada à exterioridade, à força física, ao trabalho, ao racional. A mulher, por sua vez, tem sua imagem ligada à interioridade, à sensibilidade, ao afeto, à maternidade, sendo considerada a mantenedora da vida, por gerar, amamentar e educar os filhos.

---

24. GREEN, *Elisabeth Schüssler Fiorenza*, 18.

Para uma mentalidade machista, também a linguagem é altamente constitutiva, ou seja, quando, por exemplo, se fala em *homem público*, a associação imediata que se faz é com a política, enquanto *mulher pública* é expressão pejorativa, com conotação de mulher promíscua, prostituta.

CIDADANIA COMO PONTO DE PARTIDA

O princípio básico da cidadania é a dignidade humana, como consta no artigo 1º de nossa Constituição Federal. A toda pessoa que nasce em solo brasileiro, o Estado garante direitos previstos na legislação. Da mesma forma se expressa a Constituição Pastoral *Gaudium et Spes*, um dos documentos do Concílio Vaticano II, ao falar, em seu capítulo I, sobre a *Dignidade da Pessoa Humana*. A partir do século XVIII, a ideia de que todo ser humano tem direitos vem se consolidando. O lema da Revolução Francesa, "Igualdade, Liberdade e Fraternidade", bem como a Declaração Americana de 1776, já se referiam ao direito à vida digna para todas as pessoas. Contudo, os direitos da mulher nem sempre tem sido garantidos e respeitados. Ao longo da história, ela vem sendo vista como inferior. Somente através de muita luta, tais direitos que se referem à liberdade inerente à condição humana foram conquistados.

Assim, em cada nível, apesar dos efeitos de uma super-seleção, a igualdade formal entre os homens e as mulheres tende a dissimular que, sendo as coisas em tudo iguais, as mulheres ocupam sempre as posições menos favorecidas. Por exemplo, sendo embora verdade que as mulheres estão cada vez mais representadas em funções públicas, são sempre as posições mais baixas e mais precárias que lhes são reservadas; nelas são particularmente numerosas entre as não tituladas e as agentes de tempo parcial, e, na administração local, por exemplo, veem ser-lhes atribuídas posições subalternas e de ancilares, de assistência e cuidados – mulheres da limpeza, merendeiras, crecheiras, etc.). [...] A melhor prova das incertezas do estatuto atribuído às mulheres no mercado de trabalho reside, sem dúvida, no fato de que elas são sempre menos remuneradas que os homens, e mesmo quando todas as coisas são em tudo iguais, elas obtêm cargos menos elevados com os mesmos diplomas e, sobretudo, são mais atingidas, proporcionalmente, pelo desemprego, pela precariedade de empregos e relegadas com mais facilidade a cargos de trabalho parcial – o que tem, entre outros efeitos, o de excluí-las quase que infalivelmente dos jogos de poder e das perspectivas de carreira[1].

 Relato a seguir um encontro que tive há algum tempo e que expressa, de alguma maneira, o tema dos direitos da mulher.
 Conheci Tereza[2], vendedora ambulante de cocada, quando certa manhã eu caminhava pela praia. Mulher nordestina, sem chances no estado de origem, veio para o sul em busca de melhores oportunidades para si e para os filhos. Inicialmente morava sozinha com eles. Acreditou, porém, que, com uma presença masculina, teria apoio, o que lhe acarretou a vinda de mais uma criança e o consequente abandono do companheiro. Ainda uma vez mais tentou arranjar alguém,

---
1. BOURDIEU, *A dominação masculina*, 110-111.
2. Nome fictício para preservar sua identidade.

mas só conseguiu com isso outro filho e a imagem de "mulher da vida".

Responsável e autônoma, em vez de intimidar-se com sua situação precária, montou um pequeno negócio de fabricação de doces, os quais vendia com a ajuda dos filhos mais velhos. O pequeno negócio cresceu, de modo que conseguiu até trazer os pais para morar com ela. Acreditando que Deus não a abandonara, não se abalou com o fato de a chamarem de prostituta. Ao mesmo tempo que ela me chamou a atenção pela atividade que exercia, percebi seu grande potencial e sua vontade de educar os filhos e vencer na vida. Era, porém, mais uma vítima de uma sociedade preconceituosa, que considera a mulher como mero objeto de satisfação para o homem e não a respeita em sua dignidade, menos ainda como sujeito de direitos. Até hoje me lembro dela e de como são poucas as mulheres que rompem a barreira do machismo, de modo especial as que não tiveram oportunidade de conseguir uma qualificação profissional.

Ninguém parou para pensar se Tereza tinha problemas, se era difícil para ela sustentar as crianças, se tinha condições de dar-lhes a opção de estudar. Os homens que se aproximaram viam nela apenas o objeto de prazer imediato, pois não tiveram a hombridade de ajudá-la a se manter e nem mesmo assumiram os filhos que tiveram com ela. Era uma mulher sozinha, discriminada e malvista, como consequência da mentalidade vigente, segundo a qual o homem é superior e único detentor de direitos.

Direitos das mulheres

De acordo com a Organização das Nações Unidas (ONU), os direitos de toda mulher, em qualquer parte do mundo, são os seguintes:

1. Direito à vida;
2. Direito à liberdade e à segurança pessoal;
3. Direito à igualdade e a estar livre de todas as formas de discriminação;
4. Direito à liberdade de pensamento;
5. Direito à informação e à educação;
6. Direito à privacidade;
7. Direito à saúde e à proteção desta (saúde entendida não apenas como ausência de doença, mas também como um estado de bem-estar físico, mental e social);
8. Direito a construir relacionamento conjugal e a planejar sua família;
9. Direito a decidir ter ou não ter filhos e quando tê-los;
10. Direito aos benefícios do progresso científico;
11. Direito à liberdade de reunião e participação política;
12. Direito a não ser submetida a torturas e maus-tratos (entende-se tortura como uma grave violação dos Direitos Humanos).

Um dos grandes clássicos da literatura feminista, *A reivindicação dos direitos da mulher*, escrito por Mary Wollstonecraft, em 1792, faz a defesa de uma educação para meninas. A obra é pioneira por falar de potencial humano também para mulheres na Inglaterra do século XVIII.

O século XIX, tanto para o Brasil quanto para outros países, é prenhe de reivindicações, ações e lutas em prol da mulher. Em 1832, no Rio Grande do Norte, Nísia Floresta, considerada a primeira feminista brasileira e latino-americana, tendo como base a obra de Mary Wollstonecraft, escreveu *Direito das mulheres e justiça dos homens*, em que apresenta suas reflexões sobre a realidade brasileira.

Em Nova York, nos Estados Unidos, em um ataque policial no dia 8 de março de 1857, 129 operárias morreram queimadas em uma fábrica têxtil por reivindicarem a licença-maternidade, além da redução da jornada diária de trabalho, de quatorze para dez horas. Em sua homenagem, foi instituído o dia 8 de março como o Dia Internacional da Mulher. Em 1893, a Nova Zelândia tornou-se o primeiro país a admitir às mulheres o direito ao voto.

Alguns itens foram pensados para o novo texto constitucional brasileiro em seus diferentes capítulos, garantindo direitos essenciais às mulheres[3]:
- Direito à paridade no trabalho;
- Direito à igualdade na direção do núcleo familiar;
- Direito à participação em todos os postos eminentes da vida pública no país;
- Direito à maternidade como função social;
- Direito de escolha;
- Direito a uma educação não diferenciada nas escolas;
- Direito a uma subsistência integral à saúde da mulher;
- Direito a viver na sociedade sem violências contra sua pessoa, tanto no plano físico quanto no psicológico.

Tais conquistas na Constituição abririam certamente o caminho para a revisão da legislação ordinária, colocando-a em harmonia com a nova Carta Magna, com os avanços de nossa sociedade e com a compreensão de nossas mulheres de que não se pode falar em democracia se metade da população brasileiro – as mulheres – estiver privada do pleno exercício em seus direitos essenciais[4].

---
3. ALAMBERT, ZULEIKA, *Direitos Humanos no Brasil, Conferências para Educadores*, São Paulo: Edit. e Artes Gráficas MPA, 1986, 29.
4. Ibid, 30.

As conquistas no século XX

No século XX, depois de toda submissão histórica vivida, a mulher, rompendo com o passado, começou os primeiros impulsos para emergir como protagonista de sua vida. A revolução sexual, apesar de todo exagero inicial, apontou para ela a possibilidade de conhecer seu corpo, controlar sua fertilidade e romper com a fatalidade de uma gravidez não programada.

A mulher verifica que os ritmos das energias procriáveis de seu corpo, se não forem controlados, dificultam a qualidade de vida a que ela e sua família aspiram. Os ciclos sempre repetidos da gravidez, do nascimento da criança, dos longos tempos dedicados ao recém-nascido, dos trabalhos na casa, da preparação dos alimentos, dos cuidados com o marido, não deixam espaço para que ela se desenvolva plenamente, em contraste com o que acontece ao homem que, depois do ato sexual, fica "liberado"[5].

Embora hoje o direito ao voto seja quase universal, até 1911 era raro em muitos países. Em 1910, no Brasil, a professora Deolinda Daltro liderou uma passeata exigindo o voto também para as mulheres. O governador do Rio Grande do Norte, em 1928, alterou a lei eleitoral para lhes autorizar o direito de voto. Mas, apesar disso, seus votos foram anulados. Apenas em 1932, com o novo Código Eleitoral promulgado por Getúlio Vargas, esse direito lhes foi assegurado. Por sua vez, a legislação eleitoral brasileira passou a incluir em 1996 o sistema de cotas, obrigando os partidos a inscreverem o mínimo de 20% de mulheres nas chapas proporcionais.

---

5. HOORNAERT, Igreja e mulher. Um diálogo possível?, 2.

Em 1951, muitas mulheres já trabalhavam fora de casa, tanto que nessa ocasião foi aprovada a igualdade de remuneração entre trabalho masculino e feminino para igual função. Porém, apenas em 1962, quando sancionado o Estatuto da Mulher Casada, foi possível a ela trabalhar sem precisar mais da autorização do marido. Já no final dos anos 1950, começaram a despontar os primeiros indícios do novo momento feminino, os quais aos poucos foram se acentuando até resultarem um *status* de protagonismo. O mundo todo ficou diante de uma mudança comportamental que cada vez mais se generalizava. O trabalho feminino, que se restringia ao ambiente familiar, ampliou-se. A mulher saiu de casa, em muitos casos, para colaborar com o orçamento doméstico, para trabalhar em fábricas, hospitais, escritórios, escolas.

Um traço importante da civilização ocidental no início do século XXI – seguramente o mais significativo há diversos milênios – se refere à condição da mulher que, após ter adquirido os seus direitos civis e se ter emancipado da tutela paterna e marital na segunda metade do século passado, está conquistando – porque a luta está bem longe de seu término – a igualdade com os homens no tratamento profissional e está abrindo para si um acesso equânime aos postos de responsabilidade mais altos em todos os âmbitos, econômico, cultural e político da vida social[6].

Ainda se percebia, entretanto, a procura por profissões tidas como "femininas", enquanto sua jornada de trabalho não se limitava à ocupação fora de casa. Ao voltar, à tarde ou à noite, ocupava-se com o que ficara para trás: lavando, passando, cuidando dos filhos e ainda cozinhando, para deixar

---
6. MOINGT, JOSEPH, As mulheres e o futuro da Igreja, *Unisinos*, 21 fev. 2011.

pronta a refeição para o dia seguinte. Em nossos dias, grande número de mulheres prossegue exercendo subemprego ou trabalho não remunerado executado na própria família, sem nenhum amparo legal. O planejamento familiar foi aprovado oficialmente pela Organização das Nações Unidas (ONU), que declarava sua colaboração com a saúde e o bem-estar da mulher, dos filhos e da família (Conferência do Cairo, 1994).

A ideia do planejamento familiar é uma ideia genuinamente feminina que põe em movimento a maior revolução do século XX, uma revolução silenciosa que se processa na intimidade das residências privadas, no diálogo íntimo entre homem e mulher, longe dos púlpitos clericais e dos foros públicos. Ao controlar a fertilidade, a pílula faz com que a mulher possa entrar no mercado de trabalho ao lado do homem. Doravante, seu corpo não pertence mais à fatalidade dos ciclos de procriação e se liberta aos poucos da vontade do homem. A pílula inaugura um tempo novo, não só para a mulher, mas para a sociedade como um todo. As relações de gênero e trabalho se transformam em profundidade[7].

A sociedade pós-guerra começou a ter suas distâncias diminuídas pela mídia: rádio, jornais, televisão e, nos últimos anos, a internet. Isso, nos tempos atuais, parece muito distante, já que hoje a veiculação das notícias é simultânea ao acontecimento.

Em 1979, a prática de esportes no Brasil ainda era vedada às mulheres, por ser considerada incompatível com as condições femininas. Por essa razão, a equipe brasileira de judô inscreveu-se com nomes de homens no campeonato sul-americano na Argentina. A divulgação desse fato motivou

---

7. HOORNAERT, Igreja e mulher. Um diálogo possível?, 2.

a revogação do Decreto n. 3.199, que proibia às mulheres tal prática. Nesse mesmo ano, outra conquista: Eunice Michilles foi eleita a primeira senadora da história do país.

No início da década de 1980 foram criados os primeiros centros de autodefesa para impedir a violência doméstica contra a mulher, com o lema "Quem ama não mata". E em 1983 surgiram os primeiros conselhos estaduais da condição feminina e o Programa de Saúde Integral da Mulher. Por essa época também se começou a pensar em políticas públicas para elas, buscando a conquista de sua integração total: corpo, mente, sexualidade.

Outra grande conquista, em 1985, foi a instalação em São Paulo, bem como simultaneamente em outros estados, da primeira delegacia de atendimento especializado à mulher. Desde então, as Delegacias de Defesa da Mulher têm oferecido inestimável contribuição para o aumento de denúncias de mulheres vítimas de violência. Há razões de sobra para que muitos casos não sejam denunciados, entre eles o medo de represálias por parte do companheiro, o que pesa bastante sobre essa decisão.

A questão da violência contra o gênero foi enfaticamente destacada na Conferência Mundial de Direitos Humanos, em Viena, em 1993, surgindo daí a Declaração sobre a Eliminação da Violência contra a Mulher. Embora a violência doméstica ou conjugal, até 2011, sofresse penalidade em muitos países, sabe-se que continua não sendo considerada como crime em vários outros. Vale lembrar que, em todo o mundo, grande número de mulheres não tem acesso à justiça.

Em 2006, foi sancionada a Lei Maria da Penha, como resultado da luta pessoal de Maria da Penha Maia Fernandes, que sofreu agressões seguidas de seu marido durante seis anos. Ele, embora tentasse por duas vezes matá-la, continuou impune. A atitude corajosa de Maria da Penha de recorrer à OEA, Organização dos Estados Americanos, teve como resultado a alteração do Código Penal brasileiro, que, entre outras mudanças, aumentou o rigor nas punições da violência doméstica contra a mulher, fazendo com que o agressor seja preso em flagrante ou tenha a prisão preventiva decretada. É, sem dúvida, considerada uma vitória considerável nessa luta.

Vale lembrar que, no Paquistão, o parlamento aprovou mudanças na lei islâmica sobre o estupro. Era exigência anterior que fossem apresentados pela mulher quatro homens, considerados "bons muçulmanos", como testemunhas da agressão, senão a mulher seria acusada de adultério. O crime passou a ser incluído no código penal, saindo da esfera das leis religiosas.

Outra violência que continua sendo registrada contra a mulher faz referência a sua origem. Quantas mulheres ainda hoje não têm seus direitos respeitados e sofrem discriminação em nosso país, por virem ou de famílias pobres ou de estados da federação considerados atrasados! Poucas dentre elas conseguem estudar e ascender socialmente, dada a visão segundo a qual o homem continua sendo o ditador das normas que desnivelam as pessoas. Por outro lado, também observamos quantas delas que, mesmo conquistando posição considerável no mercado de trabalho, são discriminadas e ainda sofrem com as desigualdades sociais, como se ascender socialmente, em um mundo dominado pelo masculino, não fosse o caminho esperado para as mulheres.

Como já acenado, esse parece ainda ser o cenário da vida de muitas mulheres que não tiveram oportunidades. Em uma sucessão de reveses – falta de educação familiar adequada, trabalho sem qualificação, abandono do companheiro e da família –, essas mulheres acabam cultivando e vivendo uma baixa autoestima.

As associações ou ONGs voltadas à promoção da mulher percebem que é muito importante, além da alfabetização, oferecer-lhe formação profissional. Christiane Kadjo, da ONG Educação e Desenvolvimento, na Costa do Marfim, afirma que educar a mulher é a maneira mais eficaz de educar a nação.

A verdade das relações estruturais de dominação sexual se deixa realmente entrever a partir do momento em que observamos, por exemplo, que as mulheres que atingiram os mais altos cargos (chefe, diretora em um ministério etc.) tem que "pagar", de certo modo, por esse sucesso profissional com um menor "sucesso" na ordem doméstica (divórcio, casamento tardio, celibato, dificuldades ou fracassos com os filhos etc.)[8].

Por ocasião da IV Conferência Mundial sobre a Mulher em Pequim, em 29 de junho de 1995, o Papa João Paulo II dirigiu uma carta às mulheres do mundo todo[9], em que propõe como tema central a dignidade e os direitos femininos, refletidos à luz da Palavra de Deus. Após dirigir seu vivo apreço à ONU pela importância da iniciativa, o papa fala diretamente às mulheres por aquilo que representam na vida da humanidade, como mães, esposas, filhas, irmãs, trabalhadoras, consagradas, e até pelo simples fato de serem mulheres. Ele ressalta, então, os imensos condicionamentos que lhes dificultam o caminho e prejudicam sua dignidade como pessoas, ignorando a contribuição delas na história, não inferior à dos homens, e salienta a igualdade efetiva de seus direitos; mostra indignação contra os abusos perpetrados contra a mulher no campo da sexualidade; lança apelo

---

8. BOURDIEU, *A dominação masculina*, 126.
9. JOÃO PAULO II, *Carta às mulheres*, para a 4ª Conferência Mundial a ser realizada em Pequim, 29 jun. 1995. Disponível em: ‹https://www.vatican.va/content/john-paul-ii/pt/letters/1995/documents/hf_jp-ii_let_29061995_women.html›. Acesso em: jun. 2023.

premente, de modo especial aos Estados e às instituições internacionais, para que o devido respeito à dignidade feminina seja devolvido; cita o livro do Gênesis no sentido de reforçar que mulher e homem, feminilidade e masculinidade, são complementares não apenas na procriação, mas também quanto à responsabilidade comum no cuidado da criação, e, de modo particular, as mulheres como educadoras; e, por fim, o papa enumera muitas mulheres que, imitando Maria, vão ao longo dos séculos prestando serviço inestimável à Igreja, mostrando a beleza do "gênio feminino", que se concretiza na doação e no serviço diário e generoso.

Leis que amparem as mulheres, garantindo-lhes justiça, também poderão contribuir para a mudança de mentalidade social, permitindo à mulher e ao homem o mesmo patamar de igualdade, bem como para as proteger contra a violência e ser respostas às necessidades delas.

Temos consciência de que há muito mais a ser conquistado? Qual tem sido nossa contribuição para que esse legado histórico se modifique e, sem comparações ou competições injustas, a mulher cada vez mais conquiste *status* de igualdade com o homem?

Daqui para frente vamos constatando que, ao tomar consciência de seu valor e deixando emergir seu potencial, mais e mais a mulher será capaz de assumir o protagonismo coerente de sua vida e ocupar a posição de direito que lhe é devida.

PARTE II
REVELANDO O FEMININO

SEXUALIDADE E AFETIVIDADE

Aceitar o corpo como mediador de nossas vivências de amor é trabalho a ser realizado e, como tal, é processo a ser assimilado passo a passo. Da mesma forma que não começa do nada, também precisa de tempo para ser assimilado e ir se consolidando.

Iniciaremos nosso percurso dirigindo um olhar atento à questão sempre atual e instigante da sexualidade e da afetividade. Antes de tudo, vamos esclarecer alguns conceitos.

Sexo *versus* sexualidade

É preciso logo de início diferenciar sexo de sexualidade. *Sexo* é o conjunto de características biológicas e psíquicas que determinam o indivíduo humano, homem ou mulher. Já *sexualidade* é a disposição de todo organismo humano para relacionar-se. É, portanto, a capacidade de horizontalização, pela qual cada pessoa tem condições de entrar em contato seja com outras pessoas, seja com quaisquer outros seres da natureza.

Sexualidade é, então, a capacidade de abrir-se, comunicar-se e interagir com as pessoas. A partir da descoberta do *eu*, é possível partir em busca do *você* com quem se poderá interagir, construindo nova referência. É sair do *meu* para encontrar o *seu* e, a partir daí, construir o *nosso*.

O homem é um ser "aberto". Da análise de suas estruturas psicofisiológicas à compreensão mais profunda, ele aparece como uma realidade aberta. A vida humana tem uma dimensão "genitiva" (realidade de), uma dimensão "ablativa" (realidade com) e uma dimensão "dativa" (realidade para). Não é que o sujeito exista e, além disso, haja coisas; o sujeito "consiste" em estar aberto ao mundo[1].

Em geral, o tema sexo e sexualidade não é conversado nas famílias, e se, porventura, vem à tona, não é tratado com naturalidade, mas com desconforto e, o que é pior, com malícia. Encontramos muitas vezes mães que delegam às revistas, nem sempre em condições de apresentar o assunto de modo científico, o papel de ensinar sobre o tema, sobretudo às filhas. Tal atitude demonstra que sexo e sexualidade continuam sendo considerados tabu, apesar do aparente avanço ocorrido nas últimas décadas.

Existem duas ilusões bastante diferenciadas em nossa cultura – uma relacionada com o dinheiro e a outra com o sexo. A ilusão de que o dinheiro é onipotente, que ele pode solucionar todos os problemas e trazer ao seu proprietário toda a alegria e felicidade, é responsável pelo culto ao dinheiro. Da maneira similar, o culto ao sexo provém de uma crença na onipotência do sexo. Na opinião daqueles que partilham destas ilusões,

---

1. VIDAL, MARCIANO, *Ética da sexualidade*, São Paulo: Loyola, 2012, 110.

o encanto sexual, assim como o dinheiro, é um poder que pode ser usado para abrir as portas do céu. Para muita gente, dinheiro e sexo tornaram-se as divindades supremas[2].

Na infância é comum, tanto para meninas como para meninos, ter curiosidade e tocar os genitais, desejando conhecê-los melhor. Acontece que isso traz uma sensação agradável, mas, ao mesmo tempo, pode desencadear algum sentimento de culpa. Também a sensação de que aquilo não é bom tende a resultar da experiência, muito embora não saibam ao certo do que se trata.

Por outro lado, a ignorância e, por vezes, o medo a respeito do corpo e da sexualidade, por mais estranho que pareça, tem levado muitos a atitudes equivocadas, de dominação e controle sobre a mulher. Infelizmente há bastante ignorância e desinformação a respeito. Poucos são os pais e educadores que se permitem gastar tempo para esclarecer dúvidas e clarear conceitos, até porque o assunto ainda é tratado como proibido por muita gente, embora nem todos o admitam. Pelo menos, quanta gravidez não planejada e, quem sabe até não desejada, poderia ter sido evitada se houvesse mais informação, conhecimento sobre o funcionamento do corpo e diálogo.

A sexualidade das mulheres historicamente tem sido apropriada como uma ferramenta do poder masculino, um sinal no sistema masculinista de comunicação, uma comodidade no sistema de troca. A instituição do casamento surgiu como parte desse sistema de troca e, no mundo romano, o corpo de uma moça era o sinal que selava os acordos entre as famílias, sua virgindade sendo a medida de seu valor[3].

---
2. LOWEN, O corpo traído, 216.
3. CASTELLI, Virginity and its meaning for women's sexuality in early Christianity, 86.

Para muitas tribos antigas, a manutenção do grupo dependia, em primeiro lugar, do número de nascimentos que garantiriam a continuidade. A gravidez da mulher não era considerada como sua responsabilidade, mas como ação da lua, sem nenhuma relação com a sexualidade. O papel do homem seria apenas o de dilatar a abertura da vagina para facilitar a entrada do raio lunar, único responsável pela fertilização da mulher. Também o papel das parteiras era o de cultuar a lua através de preces ou fazendo oferendas para garantir um bom parto às mulheres.

A lua, ou Silene, é símbolo mais característico da era matriarcal, concebida como mãe de todos os viventes e as formas polivalentes da feminilidade como virgem, mãe, esposa, companheira, protetora ou em sua concreção mais sinistra, como bruxa, feiticeira, sedutora, devoradora, obsessiva etc. A agricultura, onde a vida, a água, a geração, o nascimento etc. estão ligados indissociavelmente aos mistérios vividos pela mulher, constitui a última grande revolução mundial que se difundiu até os extremos da terra e se manteve quase inalterável até o século XV com o surgimento da tecnologia. Supondo que a cultura agrícola está associada à mulher, compreende-se que sua influência sobre a humanidade e sua história exterior e interior tenham sido determinantes para a autocompreensão do homem *tout court*. Ao nível sociológico persiste a discussão acerca do matriarcado como uma fase anterior ao patriarcado[4].

Muito tabu e certo pensamento mágico continuam persistindo atualmente. Como o ciclo menstrual da mulher tem a mesma duração que o da lua, muitas pessoas, ainda hoje,

---

4. BOFF, *O rosto materno de Deus*, 233.

atribuem a ela certo poder no que diz respeito à fertilidade feminina. Trata-se de uma mentalidade infantil, e ao mesmo tempo lúdica, de que sexualidade é apenas instinto, não precisa ser ensinada, porque acontece naturalmente e permeia muitos dos relacionamentos de jovens em nossos dias.

> Se partirmos da visão comum que define sexualidade como um instinto, isto é, como um comportamento pré-formado, característico da espécie, com um objeto (parceiro do sexo oposto) e um alvo (união dos órgãos genitais no coito) relativamente fixos, percebemos que ela só muito imperfeitamente explica fatos fornecidos tanto pela observação direta como pela análise[5].

A sexualidade é difusa, isto é, encontra-se no corpo todo. Por isso dizemos que falamos não apenas com a boca, com o tom da voz, com o ritmo do discurso, mas também com os braços, com nosso modo de andar, de gesticular ou de nos posicionar. Wilhelm Reich e, depois, Alexander Lowen, Pierre Weil, em seu livro *O corpo fala*, e outros tantos terapeutas corporais, estudaram e sistematizaram este assunto. Nesse sentido, vivemos sexo ou sexualidade toda vez que abrimos a boca para falar ou cumprimentar alguém, que caminhamos, que dormimos ou acordamos, que lemos, que rezamos, que fazemos nossas atividades, e assim por diante.

Lowen afirmava que ego e corporalidade trabalham juntos e, se houver conflito entre eles, isso poderá denotar medo ou dificuldade de lidar com o corpo, ficando evidenciado na sexualidade. Portanto, toda vez que há busca de contato físico necessário para a sobrevivência, recaindo apenas no prazer

---

5. LAPLANCHE, JEAN; PONTALIS, JEAN-BERTRAND, *Vocabulário da Psicanálise*, São Paulo: Martins Fontes, 1991, 620.

e inteiramente desligado do sentido de encontro entre dois corpos, a relação sexual fica descaracterizada, igualmente vazia de sentido.

Sexualidade é a convivência com nosso corpo, com nossa mente inserida e integrada nesse corpo, e com as pessoas de nossa relação. Não somos apenas genitalidade, embora nos adolescentes, em vista de seu desenvolvimento, haja concentração de energia (catexia ou libido) localizada nos genitais, o que desperta o desejo do encontro corporal. O desenvolvimento da sexualidade psicológica acompanha a evolução do ser humano através de suas várias fases.

O sexismo atual, a situação do "liberou geral", como se diz, assim como todo moralismo exagerado, é enorme equívoco. A permissividade não passa de rebeldia míope contra os vários tipos de moralismo; metáfora semelhante à ilusão clássica de Dom Quixote de la Mancha, ao atirar-se de lança em riste contra os moinhos de vento.

Vale aqui a referência ao "amor livre", que também não passa de equívoco, já que o que se pretende dizer é "sexo livre", sem compromisso de ambos os lados. Trata-se apenas de contato epidérmico, sem base de afeto, em busca apenas do prazer. Nesse caso, o corpo humano continua sendo visto somente em seu aspecto genital, da cintura para baixo, sempre nos limites da sensualidade. Enquanto a integridade das outras partes é menosprezada, o que, ao mesmo tempo, denota desconhecimento quanto à convivência com o próprio corpo.

Os primeiros anos de vida

Nessa fase, a mãe para o bebê é como parte dele mesmo. Em seu início, como não sabe discriminar, acredita que a mãe e ele são a mesma realidade. O bebê vive um grande egocentrismo, sente-se o centro do mundo. Só aos poucos vai percebendo que seu desconforto não produz o leite nem saciará suas necessidades, e que a mãe não é ele, mas uma outra realidade, objetiva. Vai acontecendo um desligamento progressivo dele, à medida que começa a apresentar capacidade maior para lidar por si mesmo com suas coisas. Aos poucos também descobre a existência de outras pessoas, objetos e situações que vão além de seus desejos e obras.

Outra experiência nesse período é a da aquisição da linguagem, que, de certa forma, também oferece à criança uma sensação de poder tanto sobre as palavras quanto sobre as coisas. O domínio sobre as palavras, assim como a repetição de certas fórmulas que lhe oferecem uma sensação mágica parecem realizar seus pedidos e desejos. Ela fala e, ao perceber que as outras pessoas reagem com algum gesto ou sorrindo, acredita que suas palavras foram responsáveis por isso.

Mais adiante, adquire o controle sobre o pensamento e, pensando, toma consciência de outros aspectos do mundo externo, como também do modo de ser das pessoas, de seus valores e conceitos. A superação desse mundo mágico e de fantasia é um dos passos rumo ao crescimento e ao desenvolvimento saudáveis.

Dos 7 aos 10 anos

Meninos e meninas, paradoxalmente, não tomam consciência maior de suas diferenças sexuais, principalmente em nível psíquico. É tempo para descobertas do próprio corpo e do dos outros, como curiosidade normal. É também a fase do "pai herói" e da "mãe maravilha". Se bem trabalhada, essa fase consiste em o menino introjetar como modelo saudável a figura masculina e a menina, a figura feminina.

Puberdade

É quando começa o interesse em buscar a troca de experiências com outros, em grupos ou turmas. Fisiologicamente ocorrem transformações (caracteres sexuais secundários) por força do desencadeamento dos hormônios. Um acentuado aumento do desejo sexual pode despertar medos, levar à masturbação e, por vezes, até a sentimentos de culpa.

Adolescência

Caracteriza-se pela atitude de voltar-se para o "tu" ou "você", em busca de pessoas do outro sexo, com interesse ora tímido, ora ousado. É o momento em que começam outros confrontos, agora mais em nível interno e que, muitas vezes, causam não só estranheza, mas também grande insegurança. Ocorre que esse turbilhão de sentimentos tende a gerar conflitos que, se não forem bem esclarecidos, podem propiciar sentimento de culpa, que facilmente leva ao isolamento. É a fase do paradoxo, quando, ao mesmo tempo que o adolescente entra em contato consigo mesmo e se descobre como ser único, também sente solidão e abandono.

Juventude

Mais do que o adolescente, o jovem prefere conviver com seus iguais para troca de experiências, de pensamentos ou de projetos. Distancia-se do ambiente familiar para evitar as cobranças e quaisquer formas de controle por parte dos pais. Ainda pode ser fase de conflito. A moça ou o rapaz sente que já superou a adolescência, pelo menos em idade cronológica, mas continua dependendo dos pais para morar, para ter dinheiro. Embora hoje muitos trabalhem, reconhecem que não têm condições de se manter sozinhos.

Também se caracteriza como a fase da dúvida, da contestação de qualquer tradição. Eric Berne falava que o vencedor corre riscos calculados, prudentes, pois é na juventude que se aprende a correr tais riscos, sempre necessários na formação da consciência crítica.

Idade adulta

Uma forte característica dessa idade é a abertura para o acolhimento das pessoas de modo mais universal, assim como a busca de um ideal. O ser humano adulto é aquele que sabe ir além dos limites acanhados e mal iluminados do egoísmo. Descobre-se tendo consciência de que seu crescimento não é apenas físico, social ou econômico, mas um trabalho para a vida toda; e ainda descobre o mundo, não para ser servido por ele, mas para se colocar disponível no serviço solidário.

Ser adulto também é ter alcançado autonomia, ter as rédeas da própria vida, não à revelia das demais pessoas, mas para poder sempre mais descobrir seu sentido no mundo. Atingir a idade adulta significa não ter mais necessidade de perguntar o que as demais pensam a seu respeito. Não é a opinião alheia que faz alguém melhor ou pior. O simples fato de se chegar à idade adulta deveria ser o grande motivador para seguir em frente, sempre em busca de acertar mais e melhor.

Sexualidade como expressão da afetividade

O mundo da sexualidade está necessariamente penetrado de afetividade, pelo simples fato de que as pessoas estão o tempo todo se comunicando e se estimulando, mesmo sem terem bastante consciência disso. É expressão do amor na medida em que demonstra que o amor não tem limites, não se esgota.

Apenas quando homens e mulheres se entregam um ao outro em rendição total, ou seja, com toda a sua pessoa por toda a sua vida, esse encontro pode dar frutos[6].

Uma pessoa reprimida, que não conhece seu corpo e não lida bem com ele, pode chegar até a negar sua sexualidade. Se por um lado existe uma busca normal de prazer, coexiste o medo cultural da punição, gerando um clima interior de repressão, que leva à dificuldade de vivenciar a sexualidade. Assim, também a afetividade, que é sua expressão, fica comprometida.

Reich via na repressão um mecanismo de defesa, que, ao se tornar crônico, evolui para o que chamou de "couraça caracterológica", em que se inclui a soma das forças defensivas repressoras, organizadas de forma mais ou menos coerente. Entra nesse caso a necessidade de termos consciência do que sentimos para tomarmos posse de nossas emoções e desejos. E, à medida que isso se torne claro, será possível assumir nosso mundo interior e fazer os ajustes, quando necessários.

> Essa couraça podia estar na superfície ou na profundeza, podia ser tão macia quanto uma esponja ou tão dura quanto uma rocha. A função, em todos os casos, era proteger o indivíduo de experiências desagradáveis. Entretanto, acarretará também uma redução da capacidade do organismo para o prazer[7].

Desde a infância, muitas pessoas têm sido reprimidas afetivamente. Quantas vezes você já ouviu algum adulto dizer que "menino não chora", quando este, depois de um tombo e de ter o joelho machucado, precisou "fazer de conta" que não doía! Quantos meninos ouviram de seus pais "pode engolir o

---

6. NOUWEN, HENRI, *Intimidade. Ensaios de psicologia pastoral*, São Paulo: Loyola, 2001, 39.
7. REICH, WILHELM, A função do orgasmo, in: FADIMAN, J.; FRAGER, R., *Teorias da personalidade*, São Paulo: Harbra, 1986, 94.

choro!". Ou, então, aquela "orientação" que algumas crianças receberam, não só meninos, de "se apanhar na escola apanha mais aqui", querendo significar que menino precisa exercer o poder físico e não demonstrar sentimento. Essa costuma ser uma das inadequações que denotam quanto se desconhece sobre a vivência da afetividade. Superá-las tende a ser trabalho árduo e, ao mesmo tempo, necessário. Só quem sabe reconhecer, identificar suas emoções e expressá-las pode ser livre. Nouwen assim se refere a respeito:

> Quando um homem chora, quando os muros de sua autocompostura se rompem e ele é capaz de expressar seu desespero mais profundo, sua fraqueza, seu ódio e sua inveja, sua mediocridade interior, de algum modo acredita que não iremos dominá-lo e destruí-lo[8].

Um ambiente em que falta qualquer manifestação de amor, carinho, torna-se especialmente propício à depressão. A falta de afeto, de toque, dificulta na criança sua tendência natural a receber e expressar carinho, impressão que leva para a vida, recusando-se também a receber ou a oferecer carinho e a viver relações afetivas adequadas.

Ira Tanner, em uma de suas obras[9], fala de medo do amor como uma maneira desajeitada de atribuir a terceiros a responsabilidade de nossa vida. Que isso acontecesse na infância, quando ainda nos sentíamos dependentes e desprotegidos seria aceitável. Mas continuar com dificuldade de assumir na idade adulta os próprios sentimentos, lutando contra as pessoas e as situações, é o mesmo que instalar a solidão em sua vida.

---
8. Nouwen, *Intimidade*, 36.
9. Tanner, *Solidão*, 68.

A falta de comunicação entre as pessoas, às vezes até entre familiares e amigos, revela uma decisão, nem sempre consciente, de se afastar e/ou afastar as pessoas. Na verdade, o que existe no fundo dessa atitude é o constrangimento do contato, da troca de afeto, de revelar-se tal qual se é, sem subterfúgios.

A aparente incoerência dessa atitude revela algo mais profundo, gravado em nosso inconsciente no passado, nos impedindo de viver o amor hoje. Porque, para acontecer um encontro autêntico, precisamos entrar com nossa verdade para podermos abraçar a verdade da outra pessoa. Não pode haver meia-verdade, nada pode estar velado, se não o encontro não acontece.

Ao amarmos uma pessoa, partilhamos com ela o que temos de mais pessoal: nossos sentimentos e nossas fantasias. Nesse caso, podemos dizer que amar é arriscado, porque deixamos à mostra o que somos, tornando-nos vulneráveis a críticas e julgamentos, e mais seletivos para evitarmos o risco de sermos magoados.

Por vezes, a entonação ao falar ou alguma expressão não verbal dos pais ou de qualquer outra pessoa levou a criança a concluir: "Ninguém me ama!". A partir disso, que chamamos de "gravação" acontecida na infância, sua atitude externa passa a ser a de confirmar essa falsa conclusão. Como acredita não ser amada, procura inconscientemente "dar um jeito", para que o resultado seja negativo. Antes de ser rejeitada, rejeita.

A tendência de uma pessoa com esse histórico será a de viver um relacionamento amoroso sempre carregado de fantasia e de riscos irreais, mesmo desejando ser amada e também amar. E, de modo inconsciente, procurará afastar toda possibilidade de que dê certo e de ser feliz.

Em geral, para muitos homens o encontro sexual não passa de um ato físico, muitas vezes restringindo-se ao periférico, ao epidérmico, sem envolvimento de afeto, o que inúmeras vezes acaba frustrando a mulher, que espera muito mais do que um encontro apenas genital. A sexualidade humana é muito mais do que o aspecto meramente biológico. Por esse motivo, deve estar associada à afetividade, que distingue a vivência da sexualidade entre os seres humanos da dos animais irracionais. Estes não têm consciência da finalidade pela qual se relacionam com outros.

Quando o encontro sexual não acontece como escolha livre e responsável, mas é calcado apenas no prazer momentâneo, tende a produzir frustração e vazio. Perde-se a dimensão de corpo, quando o foco passa a ser apenas um ponto ou uma parte daquele corpo. Isso pode gerar insegurança e insatisfação, porque se reconhece a fragilidade e a falta de abertura de coração. Para que seja de fato partilha de intimidade, deve acontecer como experiência impregnada de afetividade, de abertura total de ambos os lados, a qual pode abranger muitos gestos de carinho e ir além do plano meramente visível. Essa é a maneira exata de se viver o amor autêntico com liberdade. Sem tais atributos, o encontro seria apenas parcial, incompleto. Somos convidados a nos despir de nossas capas, de nossos artifícios que idealizam a realidade, ocultando nosso verdadeiro eu.

> A cama e a mesa são os dois lugares de intimidade em que o amor pode se manifestar na fraqueza. No amor, homens e mulheres despem-se de todas as formas de poder, abraçando-se em total desarmamento. A nudez de seu corpo é apenas um símbolo de total vulnerabilidade e disponibilidade.[10]

Na entrega mútua, espiritualidade e sexualidade entrelaçam-se na mesma realidade participativa da criação, que cria e se renova a cada momento. É ser livre para deixar-se

---
10. Nouwen, *Intimidade*, 38.

conduzir pelo Senhor da vida e aprender como integrar essas dimensões que ele mesmo inseriu no íntimo do ser humano. "No encontro de amor sincero, terno e desarmado, o homem é capaz de criar. Nessa perspectiva, torna-se claro que o ato sexual é um ato religioso."[11] Amar é o único modo capaz de alguém sintonizar com o mais profundo de seu ser, e é com o sexo que se expressa esse amor. Nesse sentido, seria uma violência querer desintegrar-se um do outro. A sexualidade bem estruturada pode significar condição de conviver em harmonia com o diferente. Homens e mulheres, conscientes de suas emoções, de seu potencial e também de seus limites, podem ter mais facilidade para se acolher mutuamente. Para tanto, é necessário que tenham consciência de que, assumindo sua sexualidade, assumem também o compromisso de colaborar para que toda exclusão seja eliminada, e o viver seja de fato um exercício de liberdade; e que, ao entrarem em contato com sua verdade, estejam disponíveis para encontrar a verdade do outro.

Normalmente, sexo é uma modalidade de expressão do amor. O sexo se justifica, e é até santificado, no momento em que for veículo do amor, porém apenas enquanto o for. Dessa forma, o amor não é entendido como mero efeito colateral do sexo, mas o sexo é um meio de expressar a experiência daquela união última chamada amor[12].

Para entendermos melhor a construção do feminino é necessário conhecermos outro ponto importante, a fim de termos ideias claras a respeito das perdas ou passagens que acontecem na vida.

---

11. Ibid., 39.
12. FRANKL, VIKTOR E., *Em busca de sentido. Um psicólogo no campo de concentração*, Petrópolis: Vozes, 1991, 100.

PASSAGENS NECESSÁRIAS

Nosso crescimento ou a mudança de fases de nossa vida pode acontecer de modo automático, sem que tenhamos controle. Por outro lado, na medida em que nos conscientizamos da necessidade de atravessarmos e fecharmos cada uma dessas etapas e nos dispormos a passar adiante, tomamos a direção do roteiro e assumimos o processo de desenvolvimento. É o que veremos a seguir.

As passagens são transformações na vida da pessoa. É interessante perceber que cada uma delas exerce um tipo de pressão sobre nós. Por isso, vale a pena atentarmos sobre o que acontece conosco nesses momentos significativos da vida. A partir desse olhar pessoal, será possível pelo menos desconfiarmos que certas atitudes nossas e de pessoas que conhecemos também podem estar associadas a pontos não inteiramente conscientes, relacionados com algum desses momentos.

O nascimento

A primeira passagem vivida é o *nascimento*, quando o nenê, depois de nove meses de preparação, sai do útero materno para o mundo. A escolha do nome do recém-nascido, com o batizado, é um rito que, como todos os ritos de passagem, existe para registrar a data de forma significativa, assim como, para os meninos, a circuncisão é uma cerimônia de iniciação judaica.

Durante a gestação, o feto está protegido e intimamente cercado pelas envolventes e suportivas paredes do útero. Esta é uma experiência reconfortante e tranquilizante. Mas, com o parto, o bebê experimenta um ambiente mais ou menos aberto; ele deve aprender a crescer, acostumado às menores variações deste novo e desafiador ambiente[1].

Na infância, a percepção de corpo é pouco aprofundada. A visão da criança é parcial, por isso não sabe acompanhar as transformações que vão acontecendo nela mesma. Nos primeiros cinco anos de vida acontecem mudanças muito relevantes em direção à saída do mundo de fantasia, de pura mágica em que até então vivia.

O início da escolaridade é considerado por muitos teóricos como uma passagem bastante significativa, embora em nossos dias haja crianças que comecem antes sua experiência fora de casa, em berçários ou creches. A separação da mãe no início da alfabetização costuma ser experiência bastante exigente para algumas crianças, fato que merece acompanhamento atento por parte dos adultos. É um passo importantíssimo, por ser o momento de confrontar o que foi aprendido na família com a realidade externa.

Pais muito permissivos, que deixam seus filhos sem limites, não demonstram amor com essa atitude. Há filhas e filhos que literalmente invadem o quarto dos pais, ocupam

---

1. MONTAGU, *Tocar*, 280.

sua cama, forçando-os a dormir em outro lugar; ou, em outros momentos, há crianças que obrigam um dos genitores a se levantar, por exemplo, do sofá, para ocupá-lo.

As crianças precisam de regras, de limites definidos, e esses constituem justamente o apoio para que possam se firmar e crescer. A autonomia, como processo, constrói-se na liberdade e na responsabilidade. Enganam-se os pais que pensam precisar fazer todas as vontades, realizar todos os desejos para que os filhos não se frustrem. Na verdade, a frustração faz parte do processo da vida, e aprender a suportá-la é estar a caminho da maturidade.

A puberdade

A *puberdade* é outro período que requer atenção. A criança se dá conta de que está diante de um corpo novo que ainda precisa conhecer para poder conviver bem com ele durante a vida.

Para os meninos, a ejaculação e para as meninas a menarca, primeira menstruação, estabelecem que ambos ascendem a um novo patamar de desenvolvimento. Para alguns grupos étnicos, os meninos nessa fase vivem experiências traumáticas de iniciação, consistindo em algum rito de passagem (por exemplo, são colocados em buracos cheios de formigas; ficam dentro de rios, com os olhos vendados, durante vários dias etc.), que podem até causar-lhes a morte. Sair incólumes torna-os aptos a pertencer ao grupo, além de significar que já são considerados adultos.

Para os judeus, o *Bar Mitzvah*, para os meninos que completa 13 anos, e o *Bat Mitzvah*, para a menina aos 12 anos, são cerimônias em que, eventualmente, além de receberem presentes significativos, ambos são introduzidos como adultos na comunidade e responsabilizados por observar-lhe os mandamentos.

Nessa fase, de modo geral, tanto para meninas como para meninos ocorrem *três perdas*, ou *lutos*, no dizer de Freud. A primeira delas é a *perda do corpo de criança*: mesmo que isso não aconteça de uma vez, é preciso tempo para que se acostumem com as transformações que começam a acontecer em seu corpo. Não é raro nessa fase a menina (e também o menino) não tomar banho, por sentir dificuldade de lidar com aquele corpo que se lhe tornou estranho. Apenas entram no banheiro, trocam a roupa íntima, lavam as mãos com sabonete e vestem a roupa limpa. Como isso ocorre em nível inconsciente, tanto para ela quanto para ele, não é clara a razão dessa atitude. Por isso, não é difícil ouvirmos: "Por que tomar banho hoje se já tomei ontem?", ou qualquer outra justificativa.

E por que isso acontece, você deve estar se perguntando. Porque toda novidade assusta, e ambos, nessa idade, sentem muita insegurança com sua aparência. Procuram esconder braços e pernas, mãos e pés, a seu ver exageradamente grandes, já que conviver com o corpo diferente de quando eram crianças passa a ser quase um tormento.

Para as meninas, os seios que despontam também tendem a ser problema, chegando a andar encurvadas com o intuito de escondê-los. De outro lado, paradoxalmente, sentem-se orgulhosas por não ser mais crianças e poderem ostentar sinais de crescente amadurecimento. Assim, não é raro que, "distraidamente", deixem a blusa um tanto aberta para poderem mostrar as mamas desenvolvidas, sinais de que já ascenderam ao universo jovem.

A *perda dos pais da infância*, ao menos da imagem que faziam deles, é outra evidência bastante significativa. Para elas e eles, alguma coisa aconteceu com os pais, não tanto com eles mesmos. A verdade é que os pais precisam fazer suas adequações, ou seja, precisam também eles mudar sua conduta na relação com os filhos em crescimento, diante das importantes mudanças que lhes aconteceram.

A *perda da condição infantil* é mais uma das dificuldades. Sentem-se – ou são tidos como – "velhos" demais para continuar a desfrutar de alguns "direitos de criança", como o de sentar no colo dos pais, fazer certas brincadeiras, acordar mais tarde, embora nem sempre tenham permissão de ter a chave de casa ou de dormir na casa dos amigos por serem considerados muito "crianças" ainda, e assim por diante. Apesar de não querer mais ser tratados como crianças, resistem a se adaptar a esse novo modelo.

A adolescência, idade provisória

Chamo a adolescência de idade provisória, porque é a passagem para a idade adulta. Costumo compará-la com uma ponte que, embora interessante, é apenas ligação de uma margem a outra do rio. Por melhor que seja, não é para se permanecer nela além do que for preciso. É uma passagem necessária e, em certos casos, também bastante sofrida.

Na adolescência tem início uma fase mais participativa e inserida nos contatos pessoais e de grupo, em que acontecem as primeiras experiências de amizade verdadeira. Estar a caminho da maturidade é iniciar a busca de sentido ou, em outras palavras, a busca de identidade pessoal. Essa atitude também pode ser considerada uma crise, a qual nada mais é do que oportunidade de crescimento. É o momento em que as(os) adolescentes se rebelam, discordam de tudo e de todos, exatamente porque estão à procura de si mesmos, de sua autoafirmação como seres únicos.

Somos crianças até atingirmos a puberdade. Somos adolescentes até atingirmos aquele ponto, na casa dos vinte anos, em que assumimos uma identidade provisória. E em algum ponto entre os trinta e tantos anos e os primeiros anos da década dos quarenta, quando entramos na idade madura, temos também a oportunidade de assumirmos a verdadeira vida adulta, e nesse ponto vamos em frente, seja para nos estiolarmos dentro de nossas cascas, seja para nos recompormos e nos replantarmos em outro vaso, por assim dizer, para que possa florescer toda nossa autenticidade[2].

Ao mesmo tempo em que meninas e meninos querem crescer para poderem fazer suas coisas como lhes apraz, precisam ainda segurar-se firmes nos adultos que os rodeiam, mães, pais, professores ou outros "corrimões", para se sentirem em segurança. Ainda necessitam de apoio para subir ou descer pela escada da vida. Vivem um grande conflito em vista de sua necessidade de autoafirmação. Ao mesmo tempo em que rejeitam a opinião dos pais e se rebelam contra eles, sentem que precisam de sua presença para se sentir em segurança.

Nesse momento, começam igualmente outros confrontos, agora internos, e que, muitas vezes, causam não apenas estranheza como também grande insegurança. Por não saberem como usar o tempo, com frequência vivem um grande tédio. Falta-lhes vontade para decidir o que fazer. Esse turbilhão de sentimentos tende a gerar conflitos que, se não forem bem esclarecidos, podem trazer sentimento de culpa e facilmente levar ao isolamento.

O baile das debutantes do passado, que ainda é realizado em alguns lugares, assim como a festa de aniversário de 15 anos, é um dos ritos para se celebrar a passagem da menina para a vida em sociedade. Embora nem todas as adolescentes participem de um baile ou tenham uma festa, a passagem

---

2. SHEEHY, GAIL, *Passagens. Crises previsíveis na vida adulta*, Rio de Janeiro: Francisco Alves, [10]1985, 50.

para a idade adulta acontece natural e necessariamente, fazendo parte do ciclo da vida.

Da mesma maneira, a formatura, como porta para a vida profissional, pode simbolizar a entrada na *idade adulta*. Assim também o *casamento*, permissão que o casal recebe diante de testemunhas de coabitar e de viver juntos a vida sexual e social, constitui outro rito, mesmo que seu sentido nem sempre seja bastante valorizado. Descobrir o sentido das coisas e da vida é uma das características da idade adulta.

O ser humano é capaz de encontrar um sentido independentemente de seu sexo, idade, QI (quociente de inteligência), formação educacional, estrutura de caráter e meio ambiente; é interessante notar que o sentido também independe do fato de a pessoa ter religião ou não e, em caso afirmativo, não importa qual religião professa[3].

É bem verdade que encontramos com certa frequência "adolescentes" de 30, 40 anos e até mesmo mais, teimando em arrastar indefinidamente essa fase e, em muitos casos, competindo com os que vivem essa idade. Confirmam com tais atitudes que em nível emocional ainda são adolescentes, embora cronologicamente já tenham ultrapassado essa etapa. Insistem em fazer da adolescência uma idade permanente.

São pessoas que, não de modo consciente, estacionaram na adolescência, recusando-se a crescer, pois não se sentem em condições de partilhar de igual para igual nos relacionamentos da vida. Preferem continuar apoiadas nas regalias, sem contato com as responsabilidades. Nem mesmo se sentem com segurança suficiente para fazer escolhas, seja para constituírem família, seja para uma carreira profissio-

---

3. FRANKL, *Em busca de sentido*, 80.

nal. Esses, portanto, são casos que precisam, a seu tempo, de acompanhamento profissional.

A menopausa

Outra passagem relevante na vida das mulheres, embora não seja levada a sério como deveria, é a menopausa. O sentimento de inferioridade por não serem mais férteis nem úteis e, quem sabe para algumas, não mais desejadas, pode facilitar o aparecimento da depressão nessa fase. Evidente que, se esse pensamento for aceito, pode-se chegar à conclusão falsa de que não há outra escolha. Isso será resultado de um dos princípios básicos da Psicologia: tudo começa no pensamento. Aquilo que uma pessoa pensa, leva-a a sentir e a expressar até no próprio organismo.

Nesse caso, a mulher, ao pensar que não lhe restam possibilidades, automaticamente acaba sentindo-se mal, e sua reação a esse pensamento pode ser a de não se arrumar ou não se alimentar, por exemplo. Isto é, acredita tão firmemente que é inferior e que não tem mais chance que tende a desencadear um processo de autoaniquilamento. Eric Berne, terapeuta canadense radicado nos Estados Unidos e criador da "análise transacional", costumava chamar essa fase de "final aberto", justamente por trazer a falsa crença de que todas as oportunidades já passaram.

É como se a mulher, junto com a menopausa, por vezes já aposentada e com os filhos casados ou morando fora de casa, descobrisse que "perdeu o emprego" de esposa e de mãe, não lhe sobrando mais nada. Com muita facilidade, nela se instala uma atitude de menos-valia diante da vida, como se não lhe sobrassem mais possibilidades reais. Em geral, perde todas as perspectivas, restando-lhe apenas cuidar dos netos ou esperar pela morte.

Em tais casos, é muito comum que algumas, para se sentirem úteis, assumam mais responsabilidades do que o adequado. Chegam às vezes, de modo bastante equivocado, a sobrecarregar-se com possíveis novos encargos, privando-se de atender às próprias necessidades. Mas existem outras poucas que tomam consciência dessas atitudes desviantes e admitem estabelecer limites até nas supostas tarefas como avós.

É muito comum em nossa sociedade atribuir-se à mulher fértil uma capacidade meio sobrenatural. Existe a crença bastante arraigada de que a fertilidade imprime na mulher um poder, que lhe é arrancado quando cessa seu período fértil. Ao mesmo tempo, ela julga deixar de ser desejada e cessar seu poder de sedução, que podia exercer livremente antes da menopausa. A falta de conhecimento e de informação correta a esse respeito tem sido causa de muito sofrimento desnecessário. Como se, pelo fato de estar apta para gerar vida, também exercesse o controle sobre a vida e a morte.

Por mais diferentes que sejam nossas noções racionais modernas sobre a fertilidade, ainda somos inconscientemente influenciados por crenças e padrões arcaicos. Pode ser que o homem moderno não tenha consciência do medo, ou que a mulher moderna não tenha consciência do poder mágico, mas são esses elementos, como também a evidente necessidade social de que as fêmeas perpetuem a raça, que dão à mulher casadoura seu valor especial na sociedade[4].

A menopausa pode significar muitas outras perdas, além da fertilidade: da juventude, do decréscimo do vigor muscular e dos atrativos físicos. Esse motivo gera maior cuidado com

---

4. MANKOWITZ, ANN, *Menopausa tempo de renascimento*, São Paulo: Paulinas, 1986, 31.

a aparência, em vista da imagem física que também tende a se deteriorar. Começa, então, um impasse que parece não responder à angústia feminina: já não é mais jovem nem fértil e, embora não seja velha, sua identidade de mulher está em risco. Além disso, não se sente mais atraente, objeto de desejo para o homem como costumava ser.

A consciência do que acontece com a mulher desde o climatério, período anterior à menopausa, poderia facilitar uma atitude mais assertiva de sua parte, isto é – considerando-se que assertividade é, como já vimos, a defesa de um valor, com garra, com firmeza e, ao mesmo tempo, com tranquilidade –, isso a faria perceber que o valor a ser defendido, no caso, é ela própria, e que sua vida merece respeito, em primeiro lugar, dela mesma, assim como de toda a sociedade.

A situação social contemporânea exige uma continuidade diferente e uma resposta psicológica diferente das do passado. A sociedade não pode mais se permitir ignorar suas mulheres nos períodos durante e após a menopausa, já que elas constituem uma proporção considerável da população total. E o que é igualmente importante, as próprias mulheres precisam emergir de seu marasmo histórico e desenvolver atitudes positivas em resposta ao fato de a tecnologia moderna ter-lhes concedido uma média de vinte e cinco anos de vida após a menopausa[5].

A "angústia da meia-idade", como alguns a chamam, pode levar a mulher a lamentar o envelhecimento e todas as limitações decorrentes disso, como a saúde que já não é a mesma, a falta de firmeza para caminhar, a necessidade de usar óculos e de precisar substituí-los com frequência; além de fazê-la cultivar outras perdas: a dos amigos, das pessoas

---

5. Ibid., 34-35.

que faziam parte de seu convívio, a do *status* e do prestígio, a da agilidade mental, e tantas outras. Para algumas pessoas, os limites decorrentes da idade podem representar humilhação, peso fora de suas forças, algo intolerável. Com frequência também existe o sentimento de fracasso ou de falência, de que seu tempo passou e já não há mais o que ser feito.

> Durante essa fase a mulher perde tudo o que recebeu na puberdade. Com o início dos processos retrogressivos genitais, a atividade criadora de beleza das secreções glandulares internas declina, e as características sexuais secundárias são afetadas pela perda gradual de feminilidade. [...] Todas as forças do ego são mobilizadas para conseguir uma melhor adaptação à realidade, os velhos valores desmoronam-se e faz-se sentir um impulso para experimentar algo novo e excitante[6].

Tudo isso parece falsear as reais e ainda desconhecidas possibilidades que existem em nós. A descoberta do *ser* deve anteceder ao *fazer*, isto é, a ação transborda como resultado do crescimento em nível pessoal. Inúmeras vezes não gastamos tempo para conhecer nosso valor, por termos um conceito equivocado de nosso potencial e de nossa mais-valia. Essa atitude favorece um processo de ansiedade, que pode se instalar em vista de ideias catastróficas do que poderemos encontrar pela frente.

É necessário termos consciência de tudo que faz parte de nosso mundo interior: emoções, sentimentos, lembranças, impulsos, potenciais, para termos condições de entrar em contato com a realidade, com o mundo exterior. Isso nos leva a

---

6. DEUSTCH, HELENE, The Psychology of Women, apud MANKOWITZ, *Menopausa tempo de renascimento*, 58.

descobrir quanto nosso inconsciente pode ser nosso aliado, pois, o que pensamos automaticamente, produz o que sentimos e leva à ação. Quanto ainda podemos aprender de novidade e também tornar conhecido o que faz parte de nosso repertório! A curva biológica declina, e as dificuldades físicas, motoras, podem aparecer. Porém, nossa capacidade de crescer intelectualmente é sempre ascensional. Também nesse caso, é importante que cada pessoa descubra suas reais possibilidades. Quem não se conhece de verdade dificilmente poderá entrar em contato com outras pessoas e conhecê-las. Nesse caso, os contatos acontecem em nível superficial e, por isso, acabam sendo insatisfatórios.

> Somos inclinados a ter medo de qualquer conhecimento que possa nos causar autodesprezo ou nos faça sentir inferiores, fracos, desvalorizados, maus, vergonhosos. Nós nos protegemos e protegemos a imagem ideal que temos de nós mesmos, através de repressão e defesas semelhantes, que são essencialmente técnicas, pelas quais evitamos tomar consciência de verdades desagradáveis ou perigosas. [...] Nós não só persistimos na nossa psicopatologia, como ainda somos inclinados a fugir do crescimento pessoal, por medo, perplexidade, sentimentos de fraqueza e inadequação. E, assim, encontramos outro tipo de resistência, uma negação de nosso lado melhor, de nosso talento, de nossas maiores potencialidades, de nossa criatividade[7].

A morte, última passagem

Como se costuma dizer, a morte física é a única certeza que temos. Também ela faz parte do ciclo da vida. Não fala-

---

7. MASLOW, ABRAHAM, Toward a Psychology of Being, 60-61, apud MANKOWITZ, Menopausa: tempo de renascimento, 55.

mos apenas das pequenas ou grandes perdas, que são as mortes do dia a dia: as rejeições, o amigo que não telefona mais porque rompeu conosco, o emprego que vai mal, o casamento difícil de sustentar, a doença que apareceu justamente quando menos a desejávamos, a traição de alguém que julgávamos confiável, e outras tantas que poderiam ser acrescentadas. Alguém disse certa vez: "Morri um pouco com isso, não *porque* começou, mas *como* começou". São perdas que se assemelham à morte. Algo morreu em nós ou nas circunstâncias.

A morte, porém, não é a última palavra de Deus para os seres humanos. Em Cristo, essa realidade apareceu de forma evidente, pois fazia todo sentido viver pela verdade e pela justiça. Ele viveu como oprimido, entre os oprimidos, na pobreza discreta e na simplicidade, e, dessa forma, foi à frente como libertador. Para lá chegar, assumiu todas as consequências, inclusive a morte, como caminho para a libertação.

Tal fato foi traumático para as primeiras comunidades, abalando sua fé. Só a ressurreição veio reunir de novo os discípulos, dispersos pelo desencanto, pela tristeza e pelo medo da perseguição. A partir desse reencontro é que se fundou a Igreja. O caminho da reflexão teológica, desde então, foi longo e penoso, entre questionamentos e dúvidas, confundindo-se inicialmente com a própria vida dos primeiros cristãos. Em Jesus, o processo de libertação, para a qual veio em missão junto aos homens, tornou-se total com sua ressurreição. Testemunho disso é o que escreveu São Paulo: "Se Cristo não ressuscitou, vazia é nossa pregação, vazia também é vossa fé" (1Cor 15,14).

Ressurreição não é um fenômeno de fisiologia celular e de biologia humana. Cristo não foi reanimado para o tipo de vida que possuía antes. Ressurreição significa a entronização total da realidade humana (espírito-corporal) na atmosfera divina, e por isso completa hominização e libertação. Por ela, a história, na figura de Jesus, alcançou seu termo. Por isso, pode ser apresentado como a libertação completa do homem[8].

Numa antropologia atualizada, só se pode admitir a unidade do ser humano mais próxima da visão semita, que não distinguia alma e corpo, e via na morte a morte do homem inteiro. O homem, na realidade, é corpo, mente e espírito. *Corpo* enquanto se comunica. *Mente* enquanto se interioriza. *Espírito* enquanto transcende. O homem não tem corpo, mente e espírito, mas ele *é* corpo, mente e espírito, como três aspectos de uma mesmíssima realidade. Ao morrer, o ser humano todo, inteiro, passa para outra dimensão. Esses elementos são princípios ou aspectos só metafisicamente separáveis.

Espírito se opõe não ao corpo, mas à carne: "As tendências da carne são a morte, mas as do espírito são vida e paz" (Rm 8,6). Se Paulo diz que o homem, pela ressurreição, transforma-se em corpo espiritual, isso significa: a personalidade humana, a partir de agora, é totalmente comunhão, abertura, comunicação com Deus, com os outros e com o mundo. O "corpo de carne" sofredor, sujeito às tentações e ao pecado, é totalmente libertado e feito corpo espiritual. A ressurreição operou esta transformação[9].

O que chamamos "último dia" é para nós o dia de nossa morte, nosso último dia neste mundo. Embora não se possa afirmar que o medo da morte seja universal, de modo consciente ou não, passamos grande parte de nossa vida procurando não nos envolver com sua lembrança. O fato de sermos

---

8. BOFF, LEONARDO, *Paixão de Cristo, paixão do mundo*, Petrópolis: Vozes, 2003, 86.
9. Id., *A ressurreição de Cristo, a nossa ressurreição na morte*, Petrópolis: Vozes, 1973, 74.

pessoas mortais não nos torna isentos de alguma ansiedade quanto à nossa última passagem. Acontece aí um novo nascimento, semelhante ao que vivemos na entrada neste mundo.

Se a morte é o momento de total redimensionalização das possibilidades contidas na natureza humana, então nada de mais natural que afirmar que é exatamente aí que se realiza a ressurreição. A morte significa o fim do mundo para a pessoa. Pela morte se entra num modo de ser que abole as coordenadas do tempo[10].

Não costumamos ser treinados para encarar a morte com naturalidade. Na verdade, para muitas pessoas o assunto é considerado lúgubre, de mau gosto. Parece ser uma questão cultural que tentamos disfarçar e da qual queremos ficar longe. É como se, negando a morte, nos protegêssemos dela, afastando-a para longe de nós, mesmo sabendo que essa passagem todos faremos.

"Papai vai ficar para semente", costuma ser a expressão de quem, por saber que não pode evitar a morte, procura parecer intocável, fazendo dela uma piada. No caso da morte de pessoas próximas, algumas famílias, sentindo dificuldade de lidar com esse tema, criam estratégias para amenizar seu impacto sobre as crianças, levando-as a outro lugar para que não se assustem, ou não comentando sobre o assunto. Com isso estão apenas adiando o contato com essa realidade, preferindo que elas vivam na ilusão de que somos imortais. Negar a morte, romantizando-a, pode também levar a sua exaltação no pior dos sentidos, povoando a vida, os pensamentos e as ações de figuras fantasmagóricas e macabras.

---

10. Id., *Vida para além da morte*, Petrópolis: Vozes, 1973, 42.

Quando criança, aprendi um versinho que frequentemente repetia e causava risos nos adultos que o ouviam, mas, sem a menor dúvida, aliviava o confronto inevitável com nossa condição mortal:

A morte é certa, dela ninguém escapa.
Nem o rei, nem a rainha, nem o bispo, nem o papa.
Mas eu escapo!
Compro uma panelinha, entro dentro dela e fecho bem fechadinha.
A morte vem e bate.
E eu respondo: "Aqui não tem ninguém".
A morte passa e eu escapo muito bem.
Essa ideia ninguém tem!

Tal visão infantil pode significar a dificuldade de se enfrentar esse momento inevitável, embora desconhecido. Além disso, não há para onde fugir. O ideal é encarar o assunto com liberdade, sem artifícios. Ser livre, no caso, é desapegar-se de qualquer subterfúgio, de qualquer ilusão, para poder, na medida do possível, preparar-se para a morte, nossa última passagem como parte da vida.

Tive o privilégio de estar ao lado de minha mãe quando ela morreu. Apesar de toda a dor e do sentimento de impotência por não poder impedir a separação, procurei ter o cuidado de não chorar naquele momento, para poder, de minha maneira, facilitar sua partida. Quando percebi que já estava partindo, conversei com ela. Agradeci-lhe por ter-me acolhido em sua vida, por ter-me criado. Disse-lhe que a amava e também agradeci por seu amor. Assegurei-lhe que ela podia fazer sua passagem com tranquilidade, porque eu estava bem. Acreditei sinceramente que essa foi a melhor maneira de estar com ela, naquele momento para mim tão misterioso, mas ao mesmo tempo tão pleno de significado.

O medo do desconhecido, do que virá depois, do aniquilamento e talvez até do abandono, pode levar certas pessoas a viverem como se a morte fosse fazer uma restrição em seu caso. Não falar sobre o assunto, tentando evitá-lo, não parece ser o caminho de quem quer viver a maturidade. Entrar em contato com a realidade é a atitude adequada e coerente. A morte, assim, não é a última palavra de Deus para os seres humanos.

Nossa morte pode tornar-se sinal de glória. Jesus mostrou quão preciosa nossa vida é: ele chorou; comoveu-se. E, a partir de seu pranto, nasceu nova vida. É através da morte que tocamos profundamente na vida. Quando ainda menino eu queria ser uma exceção. Eu queria não ter que morrer e sofrer. Mas agora percebo que Deus quer que eu participe na experiência da morte. E, ao fazer isso, ele fortalecerá a minha experiência[11].

Não é apenas o que acontece externamente que explicita essa nova etapa, mas as mudanças internas. Vivemos várias passagens durante a vida, desde a primeira que experimentamos, nosso nascimento, até a definitiva, a morte. Cada uma delas sinaliza nova etapa e um momento novo do desenvolvimento humano, e, como todo acontecimento, também nos afeta.

A qualquer tempo, a vida de uma pessoa incorpora aspectos internos e externos. O sistema externo compõe-se de nossas participações na cultura: nosso emprego, nossa classe social, nossos papéis familiares e sociais, a maneira como nos apresentamos ao mundo e dele participamos. A esfera interior diz respeito aos significados que essa participação possui para cada um de nós. De que modo nossos valores, medos

---

11. NOUWEN, *Transforma meu pranto em dança*, 97.

e aspirações estão sendo fortalecidos ou violados por nosso atual sistema de vida? Quantas partes de nossa personalidade podemos "viver" e quais estamos reprimindo? Como nos sentimos com relação à nossa maneira de viver no mundo a qualquer momento dado?[12]

Se desejamos crescer, precisamos ter disposição para fazer escolhas, nos capacitando de que, algumas delas, poderão ser alteradas ao longo da vida, distanciando-nos de nossos propósitos iniciais. Nesse sentido, também importa estarmos disponíveis para fazer mudanças, sempre que forem necessárias. É importante sair da estagnação, abrir as portas à luz e a ares mais puros, que facilitem a chegada do novo que se apresenta. Somente a partir daí teremos condições de examiná-lo e acolhê-lo.

Nas próximas páginas consideraremos a estrutura corporal, como está retratada no texto bíblico do Cântico dos Cânticos, o qual, de maneira ampla, exalta a beleza do corpo da amada em sua feminilidade.

---

12. SHEEHY, *Passagens*, 29-30.

CONTATO ESTRUTURAL COM O CORPO

A estrutura corporal

Annick de Souzenelle, terapeuta junguiana, em uma de suas obras[1] refere-se ao simbolismo do corpo humano a partir da árvore da vida, que, segundo ela, engloba e ao mesmo tempo faz a ligação entre o mistério de Deus e o ser humano.

- *Pés:* na árvore humana, as raízes são representadas pelos pés. São eles que dão segurança, apoiam todo o corpo e carregam o ser humano a todos os lugares, favorecendo, desse modo, os encontros. A partir da primeira infância, *estar de pé* e andar com os próprios pés pode significar o início da autonomia, vencer barreiras e ampliar limites. Diante de autoridades, revela respeito, bem como a dimensão vertical significa o contato com a divindade. A atitude de Jesus ao lavar os pés dos discípulos, daqueles que não

---
1. SOUZENELLE, ANNICK, *O simbolismo do corpo humano*, São Paulo: Pensamento, 1995.

economizam a caminhada para ir ao encontro das pessoas, nos lembra de nossa vocação ao serviço.
- *Coluna vertebral:* comparada ao tronco que apoia a árvore, sustenta a estrutura do corpo, ao mesmo tempo que o eleva, sugerindo a busca da transcendência. É elemento estrutural de nossa maneira de ser, como o eixo de sustentação, apontando sempre mais para o alto, para o divino. É a dimensão vertical da busca do infinito, revelando a criatura diante de seu Criador. "O homem, sem viver esse eixo, se desinsere da vida e se deixa devorar pelo tempo."[2]
- *Pernas e joelhos:* aparecem como aliados da mesma postura de reverência. Remetem à terra, atitude do penitente que, em sinal de humildade, dobra os joelhos e se inclina para o chão. "Enquanto Acabe subia para comer e beber, Elias subiu ao cume do Carmelo, prostrou-se em terra e pôs o rosto entre os joelhos" (1Rs 18,42). É o momento em que as pernas interrompem o ir e vir da caminhada e, em sintonia com os joelhos, encontram a terra, tocada por Deus na criação, fazendo memória de sua condição de criatura. "Aquele que é armado cavaleiro põe, também ele, um joelho na terra. Postulante absoluto de uma força do céu, ancora-se na terra pelos joelhos."[3] Em algumas comunidades rurais, ainda hoje, persiste o costume de se ficar agachado, de cócoras. O grupo de pessoas reunido por vezes em círculo, outras ao lado umas das outras, passa bom tempo trocando ideias ou apenas desfrutando do prazer de estar junto. É a dimensão horizontal da comunicação em que a criatura se encontra com as outras criaturas.

---

2. Ibid., 61.
3. Ibid., 91.

- *Braços e mãos:* correspondem aos ramos da árvore. Essa imagem, bastante presente no Antigo Testamento, aparece ligada ao trabalho e às realizações. "Tua grandeza e tua poderosa mão" (Dt 3,24). "Teu braço é armado de poder, forte" (Sl 89,14). Também simbolizam acolhimento, aceitação: braços que se abrem, envolvem, abraçam, protegem; mãos que tocam, acariciam, seguram. Quem em criança teve o privilégio de subir em árvore, pular de um galho para o outro, viveu a experiência do acolhimento, fazendo dela sua companheira de brincadeiras.

Uma leitura de Cânticos 4,1-7

No Cântico dos Cânticos, é evidente o abraço da Antropologia com a Teologia. O corpo da mulher é exaltado como lugar em que o divino se corporifica, sacralizando o amor humano, que deixa de ser apenas carnal. Torna-se sacramento, sinal sensível da presença de Deus.

Não era costume para as sociedades antigas ver o corpo, de modo especial o da mulher, como continente de amor. Esses povos negavam a ela o direito de viver a experiência amorosa, avassaladora e inevitável, comum a todo ser humano minimamente normal. No máximo, cabia-lhe ser reprodutora, armazenar em seu útero as sementes que germinariam outros seres humanos. Porém, não lhe era permitido participar como coautora desse momento, no mesmo nível de igualdade do homem, e muito menos sentir prazer.

Um estudo do livro do Cântico dos Cânticos desvela-nos, de modo delicado e extremamente belo, o encontro de amor de um homem e uma mulher. Vai, aos poucos, com sutileza, repassando parte por parte o corpo feminino, de cima para baixo, embora esteja ela vestida e protegida pela delicada cobertura de um véu. A seriedade com que o assunto foi tratado pelo autor – ou autores dessa coleção de cânticos – transparece em cada verso.

Um "hino múltiplo e variado do amor" que "celebra humanidade, paixão e eros, mas também a capacidade do amor humano de ser sinal de infinitude, de plenitude, de totalidade. Plantado na terra, o amor humano autêntico floresce e ramifica-se nos céus. Não é exangue e incipiente metáfora de significados espirituais, e sim, justamente em sua genuína realidade humana, sede de uma teofania. Onde homem e mulher se amam de modo verdadeiro e completo, surge o mistério do Amor supremo divino. Aí, porém, se se quebra esse símbolo: teremos somente, corpos agarrados ou anjos dançantes, e não a realidade da sexualidade, do eros, do amor e do ágape (o Amor), entretecidos na harmonia de um sinal perfeito"[4].

Por ser costume na antiguidade colocar um escrito sob a força autoritativa de uma grande personagem, a atribuição de sua autoria recaiu sobre Salomão, o patrono da sabedoria. Com efeito, Salomão vivera muitos anos antes, e o livro data de cerca de 400 a. C., após o exílio da Babilônia.

Sua redação contempla o período de reorganização do povo, condicionado à vida social sob o enfoque do Templo. Assim, os conceitos de *pureza* e de *impureza* eram considerados de acordo com os critérios da Lei. Tudo que se relacionasse ao corpo era considerado pelos sacerdotes como instrumento de dominação, necessitando de purificação na forma de pagamento de tributo ou na compra de animais, vítimas para os sacrifícios.

---

4. RAVASI, GIANFRANCO, A narrativa do céu, São Paulo: Paulinas, 1999, 259.

Diante de todo esse quadro de injustiça legalizada, o livro do Cântico dos Cânticos, cântico erótico (*wasf*), aparece como uma tomada de atitude corajosa das mulheres, sacudindo o jugo das repressões, tanto por serem donas das iniciativas quanto, um ponto mais delicado, por suas relações de amor. Com efeito, a voz feminina se faz ouvir em 60 dos 117 versículos do livro, restando apenas 36 em que é o homem quem se pronuncia. A mulher fala de si mesma, de seus pensamentos e desejos, e 38 vezes fala do amado (*dôdi*) e confessa sua paixão por ele: "O meu amado(é) meu e eu sou dele (*dôdi li wa'ani lô*)" (2,16); "Eu (sou) do meu amado e o meu amado (é) meu (*ani ledôdi wedôdi li*)" (6,3). Assim, mostra-se dona do próprio corpo e livre para agir como pessoa, sem dependência do controle masculino. A experiência retratada refere-se ao corpo todo. Todos os atributos físicos da amada são valorizados. É um canto ao corpo feminino, em que a mulher é vista e admirada inteiramente em sua dimensão corporal.

> Eu diria que o *Cântico* celebra o amor humano em todas as suas infinitas facetas, às quais se pode aludir só em chave poética: a distância, o buscar-se, o correr atrás, o encontrar-se, a relação sexual... É significativo que o nome de Deus apareça só no fim, quando se diz que o amor é uma chama, é um fogo divino. Nesse sentido, na tradição judaica, o *Cântico* logo se tornou simbólico do Amor de Deus pelo seu povo. Na tradição cristã, é normalmente simbólico do amor entre Cristo e a Igreja ou, em ambientes monásticos, entre Deus, entre Cristo e o crente individual. Nesse caminho, o sentido literal do *Cântico* foi totalmente obscurecido. Mas quando se tentou inserir esse poema no cânone do *Antigo Testamento*, muitos se opuseram, justamente por causa das referências explícitas ao sexo contidas nessas páginas. Foi o *Rabi Akiva* que o fez entrar, durante o *Concílio de Yavné* (fim do século I

d.C.), insistindo sobre a interpretação simbólica do que se dizia. São célebres as palavras usadas por ele para justificar tal inserção: "O mundo inteiro não é digno do dia em que o *Cântico dos Cânticos* foi dado a Israel: de fato, todas as Escrituras são santas, mas o *Cântico dos Cânticos* é o Santo dos Santos"[5].

A sociedade da época, embora nitidamente patriarcal, encontrava no texto a superação empreendida pela mulher, fazendo valer seus atributos físicos, independentemente de leis ou tradições, dependendo apenas da força e da gratuidade do amor. O elemento regulador ou mediador da relação passou a ser o amor, mas não o que a cultura vigente impunha. Rompeu-se com essa proposta, apresentando-se em tal sociedade outra mediação mais revolucionária, que exaltava o corpo e suas necessidades próprias; mais ainda ao fazê-lo a respeito do corpo das mulheres, tidas como minoria e gente de classe inferior.

Tais poemas eram canções de núpcias que acompanhavam cerimônias elaboradas, nas quais tanto o noivo como a noiva eram festejados nos papéis fantásticos de rei e rainha, pastor e pastora e outros. Os numerosos cânticos, comparáveis aos do Egito e em número menor da Mesopotâmia, não estão ligados a casamento. Apenas 3,5-11 menciona matrimônio, com referência a uma paródia de Salomão. As imagens retóricas e as sensibilidades do Cântico não tratam absolutamente das estruturas sociais de matrimônio e família; nada se diz acerca de filhos ou dos deveres do homem e da mulher, de um para com o outro ou para com suas famílias de origem. Os amantes falam de desejo, paixão, sedução, coquetismo,

---

5. BIANCHI, ENZO, O Cântico dos Cânticos lido pelas três grandes religiões, *IHU*, 01 nov. 2011, tradução de Moisés Sbardelotto.

evasão, separação e reunião – tudo com o objetivo evidente de companhia física e união sexual. Descreve-se habilmente a consumação sexual por meio de duplos significados que agem metaforicamente com traços físicos, flores e fauna, da paisagem – tanto selvagem como cultivada –, o que serve como o meio sensual para a ação recíproca dos amantes[6].

Contam-se cinco cânticos, cada um com suas subdivisões, bem ao sabor do clima de paixão e amor. São estes:
- 1,2-4: Introdução;
- 1,5–2,7: Primeiro poema;
- 2,8–3,5: Segundo poema;
- 3,6–5,1: Terceiro poema;
- 5,2–6,3: Quarto poema;
- 6,4–8,4: Quinto poema;
- 8,5-14: Epílogo[7].

O texto: Cânticos 4,1–7

[1] Como és bela, companheira minha! Como és bela! Teus olhos são umas pombinhas através de teu véu. Tua cabeleira é como um rebanho de cabras cascateando do monte Guilead.

[2] Teus dentes são como uma tropa de ovelhas na tosa subindo do banho; todas elas tem gêmeos, e nenhum lhes é arrancado.

[3] Teus lábios são como fita escarlate, e formosa tua língua a palrar. Qual metade de romã é tua têmpora, aparecendo através do teu véu.

[4] Como a Torre-de-David é teu pescoço, construída para troféus: um milhar de escudos estão aí pendurados, toda espécie de armaduras de valentes.

[5] Teus dois seios são como dois filhotes gêmeos de uma gazela, pastando entre os lírios.

---

6. GOTTWALD, NORMAN K., *Introdução socioliterária à Bíblia Hebraica*, São Paulo: Paulus, 1988, 509.
7. PEDRO, ENILDA DE PAULA; NAKANOSE, SHIGEYUKI, Debaixo da macieira te desnudei. Uma leitura de Cânticos 8,5-7, *Ribla*, Petrópolis: v. 3 (2000), 62.

⁶ Até que respire o dia e as sombras se tornem fugazes, eu me vou ao monte envolto em mirra e à colina do incenso.
⁷ Tu és toda bela, companheira minha! Defeito, não o tens!⁸

O texto divide-se em:
A 1a: Exclamação admirativa;
B 1b-6: Descrição dos pormenores da beleza física: olhos, dentes etc.;
A 7: Exclamação admirativa para encerrar o trecho.

Comentário sobre o texto

A perícope é claramente iniciada e finalizada com exclamações admirativas: "Como és bela, companheira minha!". Dos versículos 1b a 6, segue-se a descrição da beleza do corpo da amada. Todo o trecho pode ser assemelhado à situação de alguém que, tendo entre as duas mãos em concha uma pérola preciosa (vv., 1b a 6), contempla-a embevecido e a descreve com palavras comovidas.

De maneira geral, o texto exalta a amada em sua feminilidade, repassando cada parte de seu corpo, embora ela esteja protegida pela delicada cobertura de um véu. O início e o final expressam o entusiasmo diante de sua beleza (1,1; 2,13.14; 4,10; 7,7). A mesma expressão ocorre na voz da própria mulher (1,5), ou na do coro que eventualmente faz eco à trama que se desenrola, como nos entreatos do teatro grego (1,8; 5,9; 6,1).

Um olhar atento para o vocabulário usado pelo autor (ou autores) demonstra como o amado, quase em êxtase, vai descrevendo com cuidado seu encantamento diante daquele corpo tão belo.

V. 1b: os *olhos* são ternos e graciosos como pombinhas. A comparação (repetida em 2,14; 7,12; Mt 10,16), ao mesmo

---
8. BÍBLIA TEB, tradução ecumênica da Bíblia, São Paulo: Loyola, ³1994.

tempo que reflete a percepção do íntimo da pessoa, insinua o desejo do amante de mergulhar no profundo da amada através dessas "janelas da alma", como se costuma dizer. Olhar, ou simplesmente ver, identifica-se com conhecer (saber, mas também possuir).

> Por outro lado, o olhar é como os dentes, a barreira defensiva do indivíduo contra o mundo circundante; as torres e as muralhas, respectivamente, da "cidade interior". Em Wagner, principalmente em Tristão, o olhar de amor é um ato de reconhecimento, de equação (Ver) e de comunicação absoluta[9].

Nos Cânticos, o termo "olhos" repete-se várias vezes, com a mesma comparação (2,14). "Pomba minha, que se aninha nos vãos do rochedo, pela fenda dos barrancos... Deixa-me ver tua face...". A analogia com as pombas aparece também em 1,15 e em 6,9. Em Jeremias 48,28, a encontramos com o sentido de pureza e simplicidade, transparência e abertura: "Sede como a pomba que faz seu ninho nas bordas do abismo!".

Ao mesmo tempo, o amado se sente perturbado e fascinado por aqueles olhos: "Afasta de mim teus olhos, que teus olhos me perturbam!" (6,5). Lucas refere: "A lâmpada do corpo é o teu olho. Se teu olho estiver são, todo o teu corpo ficará também iluminado" (11,34). E também Marcos: "Jesus olhou o jovem rico, que já cumpria os mandamentos. Fitando-o, Jesus o amou..."(Mc 10,21).

Quanto aos *cabelos*, também citados no v. 1 dos Cânticos, é muito valorizado na personalidade feminina, sendo bem cuidados e comparados a um rebanho de cabras, assim como uma pastora cuida dos animais; cabelos compridos, bem arrumados, é símbolo do carinho humano.

---

[9]. CIRLOT, JUAN-EDUARDO, *Dicionário de Símbolos*, São Paulo: Moraes, 1984, 427.

O texto sugere cabelos bem tratados, como se vê também em Judite, que penteia cuidadosamente seus cabelos, preparando-se para encontrar Holofernes (Jt 10,3): "Ungiu-se com ótimo perfume, penteou os cabelos, colocou na cabeça o turbante". Ao mesmo tempo, cabelos soltos podiam indicar uma mulher de má fama e torná-la suspeita de mau comportamento (Nm 5,18).

O episódio da mulher enxugando com os cabelos os pés de Jesus, a quem acabara de ungir com suas lágrimas, indica a importância dessa parte do corpo feminino, como algo colocado a serviço do amor e da entrega de si mesma (Lc 7,38). "A mulher sobretudo apreciava ter farta cabeleira; perdê-la seria muito maior vergonha do que para o homem" (1Cor 11,6)[10].

V. 2: os *dentes* bem cuidados são brancos como as ovelhas, que são lavadas antes da tosquia[11]. A indicação, no texto, é de pureza e de simplicidade, dada a comparação com o rebanho de cabras após o banho, antes de ser tosquiado. O amante repete a expressão em 6,6. Além de completos e sem falhas, ostentam o frescor da limpeza, como ocorre com a tropa das ovelhas.

Em Psicologia, fala-se sobre a aproximação entre o bom estado dos dentes e a saúde, assim como da energia física. Mais de um caso de meu conhecimento o comprova: pessoas começaram a perder os dentes à medida que ficaram comprometidas pela depressão. Com efeito, os dentes representam a energia psíquica, a força da agressividade útil. Tanta beleza não consegue ocultar a força que os dentes sempre simbolizam, para cortar, triturar e mastigar os alimentos.

Os dentes, no livro dos Provérbios, sinalizam outro tipo de emoção, o de ódio destruidor: "Há quem tem dentes como navalhas e queixos iguais aos pombais, para suprimir da terra os pobres, e os indigentes do meio dos homens" (Pr 30,14).

---

10. Van den Born, *Dicionário Enciclopédico da Bíblia*, 219.
11. Bíblia de Jerusalém, São Paulo: Paulus, 2002, nota h, 1190.

V. 3a: os *lábios* nos Cânticos também têm conotação de boca e língua. Em 4,11, diz o amado: "Teus lábios são favo escorrendo". A cor vermelha dos lábios da amada (fita escarlate) sugere sangue, vida, ardor do fogo, amor. A sinceridade, a pureza e a espontaneidade do sentimento da amada são refletidas quando ela diz do amado: "Seus lábios são lírios com mirra, que flui e se derrama" (5,13). Fica evidente quanto de sedução e calor transparecem na contemplação que o amado faz dos lábios da amada.

> Vale lembrar o sentido da boca como signo hieroglífico egípcio, como significado de palavra, verbo criador. Deste modo, o signo expressa a emanação primeira [...] Na linguagem do Antigo Testamento, é muito frequente a associação entre boca e fogo. Os adjetivos frequentes para este último, como "devorador" ou "consumidor", aludem à função da boca. Daí os animais lendários que cospem fogo [...] não é coincidência nem casualidade que os dois fatos principais que distinguem o homem sejam a linguagem e o uso do fogo. Em consequência, o simbolismo da boca parece ambivalente, como o fogo, criador e destruidor (devoração); como ponto de união entre dois mundos, exterior e interior[12].

O Salmo 55, por outro lado, mostra a ambiguidade possível nos lábios: "Sua boca é mais lisa do que o creme, mas no seu coração está a guerra; são suaves como óleo suas palavras, porém são espadas fora da bainha" (55,22). De maneira semelhante aparece em Lucas: "O homem bom, do bom tesouro do coração tira o que é bom, mas o mau, de seu mal tira o que é mau; porque a boca fala daquilo de que está cheio o coração" (6,45).

---

12. CIRLOT, *Dicionário de Símbolos*, 121.

No entanto, como no sentido positivo e poético dos Cânticos, já dizia o Deuteronômio: "Ele te humilhou, fez com que sentisses fome e te alimentou com o maná que nem tu nem teus pais conheciam, para te mostrar que o homem não vive apenas de pão, mas que o homem vive de tudo aquilo que procede da boca de Iahweh" (8,3).

A língua, como longamente explica São Tiago, tem muito poder no relacionamento, pois, "embora seja um pequeno membro do corpo, se jacta de grandes feitos! Notai como um pequeno fogo incendeia uma floresta imensa. Ora, também a língua é um fogo [...]. Da mesma boca provêm bênção e maldição" (Tg 3,5-6.10).

V. 3b: a *têmpora* da amada aparece através do véu, segundo o texto da TEB. Já a Bíblia de Jerusalém traduz a palavra como *seios*. Outros autores a traduzem como *face*. Parece tratar-se dos *seios faciais*, um de cada lado da face, como duas metades de romã, símbolo de feminilidade e de fecundidade. O colorido facial da amada fica, assim, de acordo com o que ela mesma afirma: "Sou morena, mas formosa (1,3), com as faces da cor da romã". Provavelmente, portanto, com o significado de "seios" faciais ou maçãs do rosto. É como uma romã dividida em duas metades, uma de cada lado do rosto.

Os gregos acreditavam que as romãs haviam brotado do sangue de Dionísio. O significado que prevalece na romã, devido a sua forma e estrutura interna, dominando sobre a impressão da cor, é o do ajuste adequado do múltiplo e do diverso no seio da unidade aparente. Por isso, já na Bíblia aparece como símbolo da unidade do universo. Também simboliza a fecundidade[13]. [...] Como forma esférica, significa totalidade. É símbolo dos desejos terrenos, de seu desencadeamento. A proibição de comer a maçã vinha por isto da voz suprema,

---

13. Ibid., 502.

e se opõe à exaltação dos desejos materiais. O intelecto, a sede do conhecimento, é – como sabia Nietzsche – uma zona apenas intermediária entre a dos desejos terrenos e a da pura e verdadeira espiritualidade[14].

V. 4: o *pescoço*, elegante como uma torre forte, digna de um rei (Torre-de-David), ergue-se como pedestal de tão formosa cabeça.

O elogio ocorre já no versículo 1,10, mostrando-o como pedestal digno de cabeça tão bonita. Como sinal de honra, aparece na recompensa do Faraó a José, reconhecido como o mais sábio e capaz de administrar os bens de seu reino: "[...] vestiu-o com roupas de linho e lhe pendurou ao pescoço o colar de ouro" (Gn 41,42b).

Para o livro dos Provérbios, o pescoço é o lugar privilegiado da honradez e da virtude: "Ata-as ao pescoço, grava-as na tábua do teu coração" (Pr 3,3b).

Em outros textos aparece como membro passível de punição exemplar: "Quebrarei o seu jugo, tirá-lo-ei de seu pescoço" (Jr 30,8); "É preferível para ele que lhe pendurem ao pescoço uma grande mó" (Mt 18,6).

> O amado ali contempla os colares e brincos, comparados aos escudos e armaduras. Devido aos colares que o adornam, é comparado à Torre de David, com seus escudos e armaduras que a isolam e a defendem. [...] O colar é um símbolo de relação e ligação, cósmica e social. Por sua colocação no pescoço ou sobre o peito, adquire relação com estas partes do corpo[15].

Também o pescoço adornado pode sugerir a atitude sedutora da mulher, que, ao mesmo tempo que deseja a relação

---
14. Ibid., 359-360.
15. Ibid., 24-167.

erótica, entrega-se com reservas mais ou menos estudadas, como que para aumentar o desafio para o amado.

V. 5: os *seios* que balançam sob a roupa são comparados aos filhotes da gazela que saltam como a brincar, atraentes como tudo que é jovial e cheio de vitalidade. Essa função feminina de suscitar e manter a vida não obscurece o significado fundamental do corpo, qual seja, o de ser visceralmente comunicação, apelo à união. Daí a mensagem subliminar da visão que o amante tem dos seios da amada, atraindo-o ainda mais para ela.

É elemento corporal exterior que significa a possibilidade da alimentação, o seio (peito) da mulher; é a estrutura oblativa. Uma vez que a criança chega ao mundo, começa para ela a adaptação a novo espaço e a novo tempo, o que significa crescimento. Neste primeiro período de sua vida exterior, a criança humana sentirá as necessidades primordiais básicas, entre as quais estará a nutrição. Aí, de novo, o corpo da mulher, que fora capaz de nutrir seu filho no seu interior, poderá fazê-lo exteriormente[16].

O amado os vê balançando graciosos sob a roupa, razão por que os compara com os filhotes brincalhões de uma gazela. A amada, por sua vez, os compara às vinhas férteis de Engadi, na margem oeste do mar Morto, como um oásis fértil onde também cresciam, segundo outros textos, a árvore perfumada e a palmeira. Entre eles, tal qual um cacho de cipro florido, repousa o amado (1,13-14).

Jacó, moribundo, abençoa assim os doze filhos: "As bênçãos dos céus, do alto, as bênçãos do abismo estendido debaixo da terra, as bênçãos das mamas e dos seios" (Gn 49,25b).

---

16. Santiso, Maria Teresa Porcile, *A mulher, espaço de salvação*, São Paulo: Paulinas, 1993, 276.

Ezequiel descreve os seios, mais de uma vez, com um toque de erotismo na alegoria de Jerusalém. "Os teus seios se firmaram, a tua cabeleira tornou-se abundante, mas estavas inteiramente nua. Passei junto de ti e te vi" (Ez 16,7b-8). "[...] ali estranhos acariciaram-lhe os peitos, ali lhe apalparam os seios virginais" (Ez 23,3).

O livro dos Provérbios os mostram como as delícias do esposo: "[...] seus seios te saciem em todo tempo, embriaga-te sempre com o seu amor" (Pr 5,19).

Elogio maior é o que é feito a Maria, mãe de Jesus: "Felizes as entranhas que te trouxeram e os seios que te amamentaram" (Lc 11,27).

V. 6: a ida do amante ao *monte envolto em mirra e à colina de incenso*, na sequência da descrição que o amante faz do corpo da amada, de cima para baixo, sugere discretamente, em linguagem metafórica, a continuidade da exploração de seu corpo e a relação sexual, antes que venham as sombras da noite. O emprego da mirra deixa marcas da já conhecida influência afrodisíaca dos perfumes. Além disso, dado o costume de as jovens por vezes colocarem um ramo de mirra entre os seios, também poderia significar a ação do amado também nessa parte do corpo da amada.

Nestes versos o amante percorre o corpo da amada desde o cabelo até o peito. Ali se detém o discurso escrito, menciona palavras aparentemente alheias à descrição do corpo, mas que supõem uma atividade sexual, e conclui: "És toda bela e não há defeito em ti!". Ao afirmar a perfeição da amante supõe-se que percorreu as partes não descritas. No entanto, foi um discurso clandestino que desenvolveu esta atividade[17].

V. 7: Mais uma vez cita: *Como és bela!*, porém, agora, aparentemente com novo acento, após a consumação do amor.

---

17. Tamez, Elsa, Para uma leitura bíblica do Cântico dos Cânticos, *RIBLA*, n. 38 (2001), 63.

Também aqui fica evidente o acolhimento mútuo. Unir amor, corpo e prazer em um mesmo contexto foi, sem dúvida, atitude corajosa para aquele período marcadamente patriarcal, em que não só a mulher era desvalorizada, mas também toda referência ao corpo era desprezada, já que a corporeidade era tida como negativa.

Rasgar as máscaras, ter a coragem de ser aquilo que é diante de Deus, diante de si, diante dos outros, aí está a feliz nudez, cujo outro nome é verdade, condição de realização da vocação carnal-espiritual da humanidade. Eles eram, nus, os frutos mais belos e mais saborosos do jardim[18].

Outras referências no texto bíblico

Em alguns livros da Bíblia, o corpo e seus atributos, quando comparados ao tratamento que recebem no Cântico dos Cânticos, também são considerados em sua beleza.

Bela: a beleza corporal que é recorrida no livro de Ester, a qual devia ser tão bela que pudesse atrair a atenção do rei Assuero: "A jovem tinha um corpo bonito e aspecto agradável" (Est 2,7).

O Salmo 48 chama a montanha sagrada, imagem de Iahweh, de "bela em altura" (48,2). A beleza pode ficar só na exterioridade, segundo o evangelho de Mateus, ao referir-se aos escribas e fariseus: "Sois semelhantes a sepulcros caiados, que por fora parecem bonitos, mas por dentro estão cheios de ossos de mortos e de toda podridão" (Mt 23,27). Também o belo é referido no próprio livro do Cântico dos Cânticos (1,5-15).

Companheira: a amada, a querida, aqui é vista como aquela com quem se dividem coisas básicas, como o pão (*cum+pane*). Assim, também se partilha na confiança o caminho por onde

---

18. Roy, *Tu me deste um corpo*, 89.

se decidiu andar, como companheira na viagem da vida. Em outros versículos do Cântico, a palavra "amado" aparece referindo-se ao homem (1,14; 2,3.8.16; 5,2.4; 5,2.3; 8,5).

E em Deuteronômio 33,12, Benjamin é chamado de "amado de Iahweh". "A Benjamin ele diz: O amado de Iahweh repousa tranquilo junto a ele". O Salmo 60,7 dirige a Deus estas palavras: "Para que teus amados sejam libertos, salva com tua direita!". Exatamente o mesmo é repetido no Salmo 108,7.

Isaías, no cântico da vinha, inicia-o desta maneira: "Vou cantar ao meu amado o cântico do meu amigo para a sua vinha. O meu amado tinha uma vinha..." (Is 5,1).

No batismo de Jesus, uma voz vinda dos céus dizia: "Este é o meu Filho amado, em quem me comprazo" (Mt 3,17). O Livro dos Atos, na carta apostólica aos cristãos de Antioquia, cita como "representantes e enviados nossos diletos Barnabé e Paulo" (At 15,25).

Em muitos momentos, o termo "caríssimo" aparece com significado semelhante ao de "amado" (1Jo 2,7; 3,2; 7,1; 7-4).

> O Cântico dos Cânticos é um hino ao amor humano; nele, se encontra uma afirmação sem reservas da sexualidade e do erotismo humano. Levando em conta os estudos exegéticos, podemos afirmar que essa obra lírica israelita se inspira na literatura cortesã do Egito e reflete o "humanismo" da época salomônica[19].

Resgatar a importância e a beleza autêntica do corpo em todas as idades parece tarefa necessária e até mesmo urgente. Grande repressão pode ter permeado a "educação" de muitas mulheres, levando-as a falsos moralismos que as dissociam

---

[19]. VIDAL, Marciano, *O matrimônio. Entre o ideal cristão e a fragilidade humana*, Aparecida: Santuário, 2007, 21.

de seu corpo. Algumas acabam vivendo como se elas e seu corpo fossem duas entidades à parte. O prazer é por vezes entendido apenas como sexual. Daí que os "pequenos prazeres" não são valorizados. Você deve conhecer mulheres que não sabem o que responder quando lhes perguntam do que gostam de comer. Algumas chegam a dizer que "comem qualquer coisa" ou, pior ainda, "o que sobrar". Isso mesmo depois de terem preparado e servido ao marido e aos filhos seus pratos preferidos.

Quantas vezes os afazeres diários, a ida à academia e outras atividades físicas acontecem como rotina, não como fonte de alegria e prazer, fazendo com que muitas mulheres se deixem levar por caminhos que pouco contribuem para sua satisfação e seu bem-estar. É preciso ter a disposição interna e a liberdade que lhes possibilitem abrir-se para o crescimento em todas as dimensões, física, mental e espiritual, e assumir as rédeas da vida. Isso igualmente se aprende, porque tudo é processo.

Nas páginas seguintes refletiremos, você que me lê e eu, sobre como alcançar o caminho para a autonomia.

CAMINHO PARA A AUTONOMIA

Autonomia, palavra de origem grega, composta das palavras *autós* (*αυτόσ*), "próprio", e *nómos* (*νόμοσ*) "lei", é a conquista da libertação para se ter o controle da própria vida. Uma pessoa autônoma é aquela que se conhece, sabe como se conduzir e não precisa a todo momento conferir com outras pessoas seu perfil, sua identidade e o rumo que deseja seguir. Que isso aconteça algumas vezes, até por querer partilhar com alguém seu desenvolvimento, é inteiramente aceitável, mas não como quem sempre precisa certificar-se de que está agindo de modo adequado. "Quando renunciamos à autonomia, abdicamos de nossa soberania individual."[1]

Toda criança nasce com grande potencial, salvo raros casos de lesão orgânica. Ocorre que, por desconhecer sua riqueza interior, se sente atingida e submissa às decisões tomadas a seu respeito pelos pais ou outros adultos. Por esse motivo, algumas não chegam a conhecer suas reais possibilidades para a vida nem se desenvolvem. Continuam sempre

---
1. BERTHERAT, *O corpo tem suas razões*, 13.

esperando que alguém lhes diga como agir, como tomar decisões e, em outras palavras, como viver. "Uma das maneiras pelas quais crescemos é para nos deparar com obstáculos que exigem avaliação, luta e risco. Se tentamos escapar às consequências desses riscos, permanecemos crianças desamparadas e dependentes."[2]

Três elementos básicos da autonomia

O ser humano, para ser "vencedor", corre riscos calculados, prudentes, e sua realização depende de que se desprenda das possíveis interferências de uma educação negativa do passado e das imposições históricas e socioculturais do presente. São três os elementos imprescindíveis na construção da autonomia: consciência, espontaneidade (ou liberdade) e intimidade.

Consciência consiste em entrar em contato com as vivências internas ou "da pele para dentro", como dizia Fritz Perls. É a percepção das sensações internas em nível orgânico, como a pulsação, a respiração, os movimentos peristálticos, ou em nível de pensamento, como o estudo de algum assunto, por exemplo, ou a reflexão sobre os próprios desejos e sentimentos. Alguém que tenha consciência de si mesmo sabe identificar-se: "Quem sou eu?", localizar-se em termos espaciais: "Onde estou?", e reconhecer suas emoções: "O que estou sentindo?".

Tomar consciência é o mesmo que olhar para dentro, para nosso íntimo, para descobrir as potencialidades que lá estão armazenadas. É também o caminho para o encontro com Deus, que nos vai sinalizando, com sua presença, todo o tesouro disponível para ser conhecido e utilizado.

Também é a consciência da realidade externa, de tudo aquilo que está "da pele para fora", ou seja, do mundo exterior,

---
2. TANNER, *Solidão*, 89.

através dos cinco sentidos: o paladar, sentindo o doce ou o salgado; o olfato, sentindo os odores; a audição, captando sons e timbres; o tato, apalpando as superfícies e sentindo o liso, o áspero, o quente; e a visão, discriminando as cores, as formas. Ao nos comunicarmos, então, o fazemos a respeito de nossas percepções ou tomadas de consciência.

Pais e quaisquer adultos que desconsiderem as opiniões de suas crianças, de algum modo, lhes passam a mensagem de que elas não pensam bem, não têm bom raciocínio, não são capazes ou são burras.

Para Perls, o autoapoio ou a autorregulação é essencial para quem quer atingir a maturidade psicológica, chegar ao equilíbrio, reconhecer suas capacidades e satisfazer suas necessidades à medida que surjam. Porém, o crescimento psicológico é impedido toda vez que se desconsidera a consciência de si mesmo. Uma pessoa que não tem consciência de sua realidade interna, que não se conhece adequadamente, dificilmente poderá entrar em contato com o mundo externo. Ao se abrir para a realidade objetiva, terá mais facilidade de ser manipulada ou de falhar com a verdade, por não estar acostumada a esse tipo de exercício.

A pessoa está bem quando identifica suas emoções, ao mesmo tempo que está disponível para receber estímulos externos no aqui e agora. Por outro lado, alguém que, ao sentir uma dor, por exemplo enxaqueca, apenas presta atenção ao sintoma, recorrendo a uma medicação, sem tomar consciência do que está acontecendo consigo mesmo, demonstra com tal atitude que não há mais o que saber a seu respeito. Ao mesmo tempo, essa é uma forma de atribuir a direção de sua vida a algo fora de si mesmo.

Não negar a dor nem fugir dela, antes de conhecê-la melhor, leva a consequências talvez novas, mas sempre positivas. Entrar em contato com ela, procurando senti-la antes de buscar o remédio, é conveniente para conhecermos seu significado. Não se trata de, tão logo a dor apareça, buscar um comprimido ou um analgésico que possa acalmá-la ou suprimi-la de vez. O primeiro passo será procurar investigá-la, descobrindo o que está encoberto, não evidente, por trás dela e, por isso, precisa de maior atenção. A dor, o desconforto, tem sempre uma mensagem que precisamos conhecer.

Alguém que não presta atenção nem procura descobrir o que sua ansiedade pode revelar-lhe continuará comendo ou bebendo sem parar, não mais por fome ou por prazer, mas por necessidade de preencher algum outro vazio. A ansiedade pode querer encobrir a tristeza de saber-se inadequado ou rejeitado em determinada situação, ou a incerteza diante de um resultado aguardado, ou de inúmeras outras possibilidades.

Ir contra o sintoma, sem antes observá-lo e tomar consciência dele e de nós mesmos, poderá ajudar a nos livrarmos disso por algum tempo, até que novamente apareça, e se instale um ciclo de dependência do remédio, da comida, da bebida ou de outro "apoio".

Com o exercício da consciência, passamos a perceber também que, para caminhar verdadeiramente com as pessoas, precisamos primeiramente querer o bem delas e não apenas buscar nossa satisfação pessoal. É deixarmos de impor nosso desejo para "estar com"; é ser presença solidária para compartilhar a vida com quem dizemos querer amar. Pode-se falar do caráter transcendental da consciência, que nos leva à compreensão do ser humano, principalmente de sua personalidade, de maneira mais aprofundada, o que nos ajuda a lembrar do que dizia Santo Agostinho, em suas *Confissões*: "Deus é mais íntimo do que meu íntimo"[3].

---

3. SANTO AGOSTINHO, *Confissões*, São Paulo: Penguin, 2017, livro X.

A consciência como um fato psicológico imanente já nos remete, por si mesma, à transcendência; somente como ela própria, de alguma forma, constituindo um fenômeno transcendente. [...] Deus é o parceiro de nossos mais íntimos diálogos conosco mesmos. Sempre que estivermos dialogando conosco na derradeira solidão e honestidade, é legítimo denominar o parceiro desses solilóquios de Deus, independentemente de nos considerar ateístas ou crentes em Deus[4].

Falando sobre o aspecto transcendental da consciência, Frankl une Psicologia com espiritualidade. Para ele, apenas a pessoa religiosa se arrisca a desvendar o que não está evidente. Foi o que aconteceu com muitos dos profetas na história de Israel, os quais, na transcendência, reconheceram a origem de seu chamado, de sua vocação. Quem não tem fé, vê a consciência somente em seu aspecto psicológico. Nesse caso, como não vislumbra para além de seus conhecimentos, a busca de sentido tende a não ser levada a termo.

O homem irreligioso, portanto, é aquele que ignora esta transcendência da consciência. Com efeito, também o homem irreligioso "tem" consciência, assim como responsabilidade; apenas ele não questiona além, não pergunta pelo que é responsável, nem de onde provém sua consciência[5].

Espontaneidade (ou liberdade), segundo elemento da autonomia, é a permissão que a pessoa dá a si mesma de expressar as emoções naturais e orgânicas que identifica ao entrar em contato com seu interior. É permitir-se sentir, por exemplo, tristeza pela perda de alguém ou de alguma coisa importante, e expressá-la pelo choro, sempre dentro do real e do realizável, sem exageros ou excessos desnecessários. É igualmente

---
4. FRANKL, VIKTOR, *A presença ignorada de Deus*, Petrópolis: Vozes, ²1992, 41.90.
5. Ibid., 42.

vibrar de alegria ao acompanhar um jogo de seu time, escutar alguma canção de seu cantor preferido, e por aí vai.

Não é deixar de expressar o que sente, ou reprimir suas emoções, mas vivê-las de modo autêntico. Para uma pessoa estar bem é preciso que se permita rir, chorar, entristecer-se ou ter quaisquer outras reações, desde que façam sentido em tais circunstâncias, não porque alguém a obriga a isso.

Crianças muito controladas quanto ao uso do corpo, sem permissão para pular, correr, movimentar-se, tocar, sentir o paladar, a não ser que essas atitudes possam lhes causar algum dano, tendem a demonstrar dificuldade para ser espontâneas. Algumas pessoas costumam dizer que só fazem o que é espontâneo para elas. Só que esquecem ou ignoram que tudo é aprendido, às vezes à custa de muito ensaio e erro.

Espontaneidade é o que sai como comportamento habitual, como uma "segunda natureza" no dizer dos filósofos. Nem por isso se há de confundir espontâneo com natural. "Natural" é o que é adequado à nossa natureza, em oposição ao "antinatural", como comer caco de vidro, deixar de dormir o suficiente, trabalhar vinte horas por dia e outras coisas semelhantes[6].

Quando você começou a andar de bicicleta, precisou de um tempo, talvez até de alguns tombos, não saiu andando com a maior facilidade imediatamente. Hoje, depois de várias experiências de treino, ao sair de bicicleta você toma o cuidado necessário com o trânsito, mas já não sente a insegurança do início.

Ou alguém que nunca fez um bolo, em primeiro lugar precisará de uma receita que funcione e de prática. Depois disso, fazer bolo ficará espontâneo, a ponto de poder até criar

---

6. LACERDA, M. P. DE, *Bem junto do coração*, 34.

alternativas para a mesma receita. Em outras palavras, espontâneo é tudo aquilo que foi treinado.

Por fim, a *intimidade*, terceiro elemento da autonomia, é a permissão de entrar em contato profundo e recíproco com qualquer pessoa ou com grupos, no mesmo nível de igualdade, sem dependência, submissão ou superioridade.

Em nosso dia a dia temos vários encontros com as pessoas, alguns interessantes, outros nem tanto. Um primeiro tipo é o *encontro funcional*, que, como diz o nome, funciona. Entramos em uma loja procurando um objeto. A(o) balconista nos atende, às vezes nos mostra outros modelos, escolhemos o que nos interessa, pagamos no caixa e saímos da loja sem saber nada de pessoal sobre quem nos atendeu. Esse tipo de encontro, embora funcione, é fugaz, não nos satisfaz inteiramente como pessoas.

Outro tipo é o *encontro terapêutico*, em que há abertura apenas do lado do cliente, que fala ao profissional da saúde tudo sobre suas necessidades e buscas naquele momento. Mas sai daquele atendimento sem conhecer sobre a vida da pessoa com quem se encontrou. Esse é um encontro unilateral que também deixa a desejar em termos de relacionamento entre pessoas.

O *encontro de intimidade* pressupõe reciprocidade, confiança mútua e calor humano. É abrir-se às pessoas com a confiança de ser aceita e acolhida, podendo receber e partilhar confidências, sem invasões de privacidade ou justificativas, pois o clima é de aceitação mútua. Também é a permissão de expressar carinho, seja em palavras, em gestos, pelo olhar, pelo abraço, sem subterfúgios ou toques pegajosos. As crianças precisam ser encorajadas a expressar, pedir e aceitar amor, do mesmo modo que a recusar tudo que possa prejudicá-las. Assim, quando adultas, tenderão a sentir-se com mais permissão para serem autônomas.

A autonomia é, pois, o resultado da integração entre consciência, espontaneidade e intimidade. Os três elementos são indispensáveis para nosso desenvolvimento integral e harmônico e sempre se iniciam em nível pessoal. Então, uma pessoa que não conhece seus sentimentos, suas vivências internas, terá dificuldade de conviver consigo mesma e de relacionar-se com outras pessoas, ou porque poderá ser influenciada pelas opiniões alheias ou colocar-se em uma posição simbiótica, isto é, acreditando que, para viver, sempre precisa depender de que lhe mostrem como deve pensar e agir.

Autonomia *versus* sentido, um caminho de mão dupla

A pessoa que assume seu processo de crescimento, ao mesmo tempo que reconhece suas fragilidades e procura superá-las, descobre sua riqueza interior, fazendo com que se desenvolva, cresça e se torne sua aliada principal. Quanto mais toma posse de si mesma, mais poderá interagir de modo autêntico em quaisquer grupos, porque saberá que todo ser humano tem qualidades e limites, e que a partilha favorece o crescimento. O inter-relacionamento é fundamental para nos reconhecermos e nos identificarmos, isto é, nos tornamos pessoas à medida que nos encontramos com as outras. Não podemos existir sem comunicação e diálogo. "Diz-se então que o homem é um ente de relação ou que a relação lhe é essencial ou fundamento de sua existência."[7]

Na fase inicial da vida, como o bebê não tem consciência formada, é orientado por impulsos sempre direcionados à satisfação orgânica. As crianças aprendem na infância a se

---

7. BUBER, MARTIN, *Eu e tu*, São Paulo: Cortez Moraes, 1979, 29.

conhecer e a lidar com elas mesmas e com os adultos que as rodeiam. Por isso, os pais precisam, eles mesmos em primeiro lugar, apresentar todo o comportamento que esperam seja exercido pelos filhos.

Os pais são os primeiros modelos dos filhos, exercendo sobre eles influência quanto à formação de sua autonomia. A coerência não ensina com palavras apenas, mas com atitudes. Se alguém deseja que sua filha ou seu filho seja verdadeiro e honesto, demonstre honestidade em sua vida. Do mesmo modo também os professores e todos os adultos com quem as crianças convivem podem influenciar seu desenvolvimento saudável. Portanto, é necessário tratá-las sempre em clima de verdade, sem jamais mentir. Se perceberem que, para preservar seu bem-estar, será mais adequado não lhes contar algo, é preciso deixar-lhes claro o motivo, mas sem inventar uma mentira.

As crianças precisam ser ajudadas a descobrir seu potencial e a usá-lo adequadamente. Por essa razão, não é válido fazer por elas o que já podem fazer por si mesmas. Há momentos em que alguns "salvadores" são autênticos, necessários: o salva-vidas que resgata uma pessoa que está prestes a se afogar, o bombeiro que salva pessoas de incêndio, de desmoronamento, e tantos outros.

Não só a repressão é negativa, mas também a atitude salvadora do "falso salvador", isto é, daquele que quer "salvar" quem não precisa, porque com isso impede que a suposta "vítima" descubra sua melhor forma para crescer e se desenvolver. Em outras palavras, o falso salvador nega à falsa vítima o direito de conquistar sua autonomia.

O incentivo que se oferece às crianças para descobrirem sempre mais suas possibilidades, não deixa espaço para a competição, a qual parte da falsa crença de que alguém é melhor e por isso tem mais valor que a outra pessoa, que é considerada incompetente. O potencial não se compara, cada um tem o seu, mas é preciso descobri-lo. Na competição sempre alguém ganha e outro perde, enquanto na cooperação as pessoas podem juntar forças e crescer igualmente, todas prosperando.

Para Frankl, há três caminhos pelos quais se pode chegar a um sentido. Um deles é o trabalho criativo, o outro o encontro de amor com alguém e o terceiro é a situação que não se pode mudar, mas diante da qual são encontradas pistas de crescimento pessoal. Refere-se ainda ao sofrimento, à culpa e à morte como a "tríade trágica".

O sofrimento pode ser transformado em realização, a culpa em mudança e a transitoriedade da existência humana num estímulo para uma atuação responsável. Mesmo que seja necessário muito esforço, até no sofrimento podemos encontrar sentido, porque o sentido potencial da vida é incondicional[8].

O encontro de nossa identidade e realização pessoal é muito mais do que a descoberta de quem somos e de qual é nosso papel no mundo. Na verdade, muitas de nossas decisões se alteram à medida que o tempo passa, porque vamos amadurecendo e avaliando melhor nossas primeiras escolhas. O mais importante nisso tudo é chegarmos à autonomia ou, como alguns preferem, à integração das três dimensões: corporal, mental e espiritual. Somos um todo, não podemos crescer apenas em um aspecto.

Por trás de uma superfície sombria, pode haver algum problema de identidade que cause perturbação e impeça a pessoa de conhecer-se e tomar suas decisões, levando-a a sentir-se à margem da própria vida. Mas o sentimento de alienação diante da realidade, de não querer participar do

---
8. FRANKL, *A presença ignorada de Deus*, 81.

contexto, é insatisfatório. Mesmo que nem sempre consciente, pode gerar insegurança, o que, por sua vez, leva a pessoa a assumir posturas falsas a respeito de sua identidade apenas para proteger-se. Uma pessoa que não encontrou seu sentido de vida tende a acreditar nos anúncios de "fim do mundo", que por vezes são veiculados por algum meio de comunicação. Como se, em seu anseio desesperado de encontrar sentido, passasse a desejar o fim.

A falta de consciência sobre si mesma também pode levar a uma ruptura entre o que, de fato, a pessoa é e seu corpo. O contato com o corpo é essencial para o estabelecimento da identidade. Para isso, o autoconhecimento é fundamental. Se a pessoa não tem boa identificação entre o ser (ego) e o corpo (soma), e isso não é percebido por ela, isto é, não lhe vem ao consciente, e ela acaba se desligando do mundo e das pessoas, refugiando-se na fantasia, sem descobrir seu sentido.

Sentido não só precisa, mas também pode ser encontrado, e na busca pelo mesmo é a consciência que orienta a pessoa. Em síntese, a consciência é um órgão de sentido. Ela poderia ser definida como a capacidade de procurar e descobrir o sentido único e exclusivo oculto em cada situação[9].

O mimetismo tem sido uma tendência desde que o mundo é mundo, e sua motivação é a busca da felicidade. Há sempre alguém que, parecendo feliz com o tipo físico que tem, desperta o imaginário da gente; por isso, queremos imitá-lo. Por mais que existam modelos de como cuidar da beleza para se ter boa aparência, a imitação será sempre incompleta. Somos quem somos, não outra pessoa, por mais que tentemos imitar alguém. Acreditar firmemente que todas as pessoas

---
9. Ibid., 68.

nascem boas e que o que, por vezes, lhes falta é liberdade para escolher o que é bom, pode ser uma das maneiras para ajudar as crianças a fazerem escolhas sem tensão ou pressão.

E se isso for acompanhado de maneira lógica, educar crianças é uma questão de permitir que descubram aquilo que elas mesmas querem, não interferindo com sua espontaneidade, sua consciência e sua intimidade. [...] Não são necessários jogos de poder para levar ou ajudar as crianças a fazerem aquilo que seja bom para elas; elas farão por si mesmas[10].

Recebemos diariamente um imenso bombardeio de convites e ofertas para o consumo, que nem sempre favorecem uma análise criteriosa, porque não há tempo para maior reflexão; tudo é rápido, "tempo é dinheiro" e, como diz a canção, "Money makes the world go round" (o dinheiro faz o mundo girar). Ao mesmo tempo, a ideia que é passada frequentemente é a de que as pessoas "sérias" não podem parar. Parecem viver a "síndrome do coelho" de "Alice no País das Maravilhas", que vivia repetindo o refrão "é tarde, é tarde". Quantas vezes encontramos pessoas que, ao cumprimentar alguém, acrescentam que estão "correndo", como se essa fosse a atitude esperada. Na verdade, por trás de todo esse giro frenético parece faltar permissão para mergulharmos fundo em nosso mundo interior, entrarmos em contato com nossa realidade mais íntima.

O mundo atual está cada vez mais abarrotado de todo tipo de bens, de objetos mais ou menos úteis, nem sempre necessários, que vamos acrescentando em nossas casas e em nossas vidas, falsamente acreditando que não podemos viver sem eles. Várias formas de sedução de modo implícito

---

10. STEINER, Os papéis que vivemos na vida, 280.

e explícito nos aprisionam em nosso dia a dia, nas ofertas tentadoras para acumularmos cada vez mais.

Do mesmo modo, notícias, informações e outros estímulos chamam nossa atenção, impelindo-nos a fazer escolhas diárias sem reflexão. Não somos estimulados a discernir sobre o que queremos ou de fato precisamos para viver. Até mesmo sobre como nos vestir, as tendências da moda são indicações de outras pessoas e variam de acordo com seus critérios. A lógica do mercado nos indica o consumo como o caminho para a felicidade, e nós, inúmeras vezes, a seguimos sem maior dificuldade, sem nem mesmo nos perguntarmos se aquilo que está sendo anunciado como "última moda" tem a ver conosco, se faz sentido para nossa vida.

Como resistir a tantos apelos, continuando ilesos por nosso caminho? Somos autônomos à medida que sabemos nos apropriar de nossa vida, tomando as decisões que nos parecem mais justas e verdadeiras. A educação para a autonomia nos interpela a um discernimento responsável do que na verdade é necessário e de fato faz sentido.

Continue comigo para agora refletirmos sobre qual pode ser a posição equilibrada nos relacionamentos entre homem e mulher.

EQUILÍBRIO DE GÊNERO, SAUDADE OU UTOPIA?

O objetivo principal ao falar sobre gênero é ajudar a estabelecer relações saudáveis entre mulheres e homens, em que ambos estejam num patamar de igualdade. Entretanto, a cada ano que passa cresce o desnível entre elas e eles, sendo a participação na política, no mercado de trabalho e na escolaridade os pontos mais discrepantes.

O relato da criação

A origem do homem e da mulher nos remete a um contexto de encontro, de partilha, não de dominação ou de jugo. A mulher é apresentada como companheira do homem, alguém que caminha ao lado e conversa com ele no mesmo nível. E ele, ao reconhecer a mesma dignidade para ambos, exclama: "Esta, sim, é osso de meus ossos e carne de minha carne!" (Gn 2,23). O autor do texto bíblico enfatiza o desejo de unidade entre o homem e a mulher. "Por isso um homem deixa seu pai e sua mãe e se une à sua mulher, e eles se tornam uma só carne" (Gn 2,24). É esse o sentido de ter sido tirada do lado do homem; é o mesmo que dizer que daí para frente a convivência de ambos será de companheirismo, marcada pela complementaridade.

A criatura que Adão está esperando surge do seu próprio anseio, emerge do seu vazio de saber, de poder, de ter, de dizer; pobreza necessária ao acolhimento do dom de Deus. Adão-corporeidade indistinta está perdendo seu lateral interno. Este, porém, lhe será de novo entregue numa forma plenamente gratificante. Quando lhe for externizado, Adão de barro descobrirá quem é ele. Identificar-se-á e receberá o nome esperado, pela mediação deste lado tão próximo e presente a ele mesmo, embora não o tivesse percebido. Cada qual se interpreta e se conhece no espelho do outro[1].

Pensar na criação da primeira mulher a partir de uma "costela" do primeiro homem pode levar-nos a perceber que continua pelos tempos a saudade incontida de ambos de voltarem a ser uma só coisa, a eternizarem a unidade. Nesse contexto não há espaço para domínio, submissão, porque os dois formam uma só coisa, sem se tornarem simbióticos, e sua missão é comum.

A imagem simbólica da costela também capacita o homem e a mulher a viverem em parceria, numa relação em que não haja superior ou subalterno, mas em que ambos, mão na mão, sejam companheiros de caminhada. É bem esse o sentido que o autor do texto bíblico considera, quando descreve a decisão de Iahweh de criar a mulher. "Não é bom que o homem esteja só" (Gn 2,18).

Ambos são destinados a viver a mesma nobreza original a que foram chamados. Mulher e homem são realidades nas

---
1. Roy, *Tu me deste um corpo*, 83.

quais o sagrado se faz presente. Por terem sido dotados com esse sentido, cabe aos dois ser sinal da presença de Deus. Também esse é o significado de sacramento, considerado por vários autores.

Adão acolhe na mulher que lhe é apresentada o nome existencial que lhe fazia falta, o "eu" personalizado capaz de encontrar o "tu" anelado. O ser humano, homem e mulher, é criado à imagem de Deus para assumir livremente sua condição de imagem e trilhar o caminho da semelhança. Este é o destino último do homem-imagem[2].

Mas o sentido de unidade entre homem e mulher nem sempre foi respeitado. O que tem predominado ao longo da história é a posição de superioridade do homem sobre a mulher, por ela ter sido considerada a sedutora e causa de ele ter caído na tentação: "Estarás sob o poder de teu marido e ele te dominará" (Gn 3,16).

O equilíbrio justificado

Dizemos que algo está em equilíbrio quando não oscila nem para um lado nem para o outro. A balança pode ser considerada símbolo desse equilíbrio, a não ser que esteja desregulada. Se quisermos pesar um quilo de qualquer coisa, açúcar, por exemplo, o resultado no mostrador será de um quilo. Nesse sentido, uma escolha equilibrada é coerente, livre de quaisquer atributos que tendam a interferir em seu resultado.

Também na relação de gênero, para mulher e homem viverem o equilíbrio, precisam ser igualmente valorizados. Se houver uma tendência ou simples insinuação que exal-

---

2. Ibid., 63.

te ou desmereça uma das partes em detrimento da outra, o senso de equilíbrio será desrespeitado. A relação que se estabelece a partir daí é insatisfatória, porque parte da falsa premissa que nomeia um dos gêneros como superior ao outro. Fica evidente a mentalidade patriarcal, machista que procura destituir a mulher de sua condição de geradora de vida, definindo-a como sedutora, aquela que atrai para levar à morte, esvaziando o sentido sagrado, desequilibrando a relação mulher-homem. A esse respeito, Boff resume e interpreta uma leitura radical baseada nas reflexões de duas teólogas, Riane Eisler e Françoise Gange.

Estas autoras partem do dado histórico de que houve uma era matriarcal anterior à patriarcal. Segundo elas, o relato do pecado original seria introduzido no interesse do patriarcado como uma peça de culpabilização das mulheres para arrebatar-lhes o poder e consolidar o domínio do homem. Os ritos e os símbolos sagrados do matriarcado teriam sido diabolizados e retroprojetados às origens na forma de um relato primordial, com a intenção de apagar totalmente os traços do relato feminino anterior[3].

O desequilíbrio nas relações de gênero tem sido constante ao longo dos séculos. Aos poucos veio se solidificando como comportamento baseado na falsa crença de que, ao mesmo tempo que retrata o homem como detentor do poder, confirma a menos-valia da mulher. A inteligência e a força masculinas são valorizadas como testemunho de superioridade. Dentro desse quadro, a ele se atribui o domínio do mundo e, como consequência, da mulher. Ele, como o caçador, submete-a, como presa, a suas vontades. O que se espera dela

---

3. BOFF, LEONARDO, Interpretação feminista do relato da criação, Adital, 28 nov. 2011, 1.

é uma atitude dócil e dependente. Por trás da mentalidade que estabelece a supremacia do masculino sobre o feminino, é evidente haver uma ideologia de poder sem qualquer fundamento biológico ou psicológico.

Esse ranço permaneceu, embora venha sendo questionado há tempos. A força do masculino predominou sobre a mulher, deixando de lado o propósito do Criador, de ambos serem sua imagem e semelhança, o que significa igualmente o chamado à vida e à compreensão da própria identidade. "Qualquer tentativa de moldar a pessoa que é a nossa companheira para que se ajuste às nossas fantasias, é pretensão da nossa parte e um insulto ao outro, divide, gera a raiva e provoca uma solidão ainda maior."[4]

Carl Jung chamava de *anima* a figura interior de mulher existente no homem e de *animus* a figura do homem agindo na psique feminina. Parece ser uma forma de mostrar a complementaridade entre ambos. Foram criados não para competir, mas para cooperar entre si e para se completarem. Jung mostra a *anima* como responsável por suavizar o homem, tornando-o mais afetuoso, enquanto apresenta o *animus* como a configuração da força ou da obstinação na mulher.

Embora essas considerações fossem, mais tarde, reformuladas pelos teóricos pós-junguianos, podemos afirmar que continuam fazendo sentido, se pensarmos que Deus criou o homem e a mulher para se completarem, conviverem, povoarem a terra, deixando nela sua marca como copartícipes no mesmo processo de criação.

Fazendo uma analogia, para alguém agir com ética profissional, em primeiro lugar, precisa ser ela mesma uma pessoa ética. A ética profissional é consequência da ética pessoal, ou seja, o ser antecede o fazer. O ter ou a ação acontece como transbordamento do ser, da vida.

---

4. TANNER, *Solidão*, 109.

Da mesma forma, o equilíbrio é, antes de mais nada, condição do ser. Dizemos que uma pessoa tem equilíbrio quando se reconhece como ser único, procurando integrar-se e crescer em todas suas dimensões. O autoconhecimento ajuda a pessoa a chegar a um nível mais profundo de si mesma, ao que normalmente está oculto e não vem à tona com facilidade. Nesse caminho, poderá conhecer-se mais, crescer, podendo descobrir formas novas de convivência consigo mesma e com as outras pessoas.

Ao mesmo tempo, vai tomando consciência de que é parte de um todo maior, o mundo, e responsável por sua manutenção. Seu relacionamento com Deus aprofunda-se à medida que se conhece mais, toma consciência de sua condição de criatura, inteiramente dependente do Criador, colocando-se disponível para contribuir para que os relacionamentos entre as criaturas sejam mais harmoniosos.

Posições existenciais

A forma como cada pessoa se vê diante de seu ambiente, como se avalia e valoriza a si e as demais pessoas é assunto que nem sempre tem merecido a devida atenção. Por que agimos dessa ou daquela maneira conosco mesmos e com as demais pessoas, ou quais são os motivos que nos levam a essa ou àquela atitude, são perguntas que podem ter respostas simples, desde que atentemos um pouco mais a respeito de nossa história de vida.

Esses comportamentos não acontecem de forma gratuita. Existem razões profundas e em geral inconscientes em sua gênese, que precisam ser conhecidas.

A grande maioria das pessoas nasceu e cresceu em ambientes em que ouvia, desde criança, chamadas de atenção diárias, repreensões, e até xingamentos; isso quando não ainda levava surras. Basta lembrarmos que, em pelo menos 80% do tempo, as crianças costumam ser tratadas com pouca compreensão e até com impaciência pelos pais, parentes e "educadores". Nessa fase, mais ou menos 15% dos contatos consistem em desconsiderações: poucos tomam consciência da presença delas, deixando-as à espera de uma resposta ou de alguma ajuda, como no caso frequente de crianças que desejam conseguir uma resposta do pai, que não deixa o jornal de lado, ou da mãe, que não desgruda do celular.

Além disso, a frequência com que as crianças são chamadas de inadequadas, bobas e semelhantes denominações vai, dia após dia, convencendo-as de que realmente são tudo isso. A repetição constante favorece que uma imagem negativa de si mesmas vá sendo introjetada e, ao mesmo tempo, forme uma crença, que será para toda a vida, de que são inferiores às outras crianças, e essas, sim, inteligentes, bonitas, adequadas etc. É por meio dessa *posição depressiva* (-/+) que a criança, e mais tarde o adulto que virá a ser, torna-se tímida e insegura, evita a convivência social, à medida que essa crença se agrava, fala baixo e, às vezes até, gagueja, encolhe-se fisicamente, tem um andar vacilante, fecha-se na solidão etc.

Por outro lado, paradoxalmente, a *posição paranoide* (+/-), ou de arrogância, de julgar-se mais que os outros, mais inteligente e capaz, aparece como reação ou máscara da pessoa para ocultar o constrangimento de uma imagem diminuída que tem de si mesma. Adler ensina que o complexo de superioridade nada mais é que a máscara que oculta o complexo de inferioridade. Alguém nessa posição, que se apresenta com ares de grandeza, tem olhar atrevido e muitas vezes andar pesado, gosta de contar vantagens e escolher os melhores lugares onde possa ser mais visto, costuma ser inseguro. As atitudes externas, muito chegadas à paranoia, revelam enorme fragilidade interior, mesmo que por fora a pessoa esbraveje e descarte, quanto pode, a colaboração dos outros.

As duas posições acima funcionam como gangorra. A pessoa ora se sente por baixo, ora se coloca por cima, na tentativa de aliviar, pelo menos temporariamente, o desconforto de sentir-se menos que as demais. Tal atitude, porém, não a satisfaz, porque está baseada na competição. Alguém precisa ser considerado inferior, perder, para a outra pessoa ganhar, colocando-se numa posição de superioridade.

A *posição de mania* (+/+) é a *posição de depressão* extrema (-/-) são a mesma gangorra, só que em intensidade muito maior, em nível de patologia grave. A primeira (+/+) leva a pessoa a acreditar que tanto ela quanto os outros são amigos, lindos, bons e confiáveis, que se pode contar com eles para tudo, numa espécie de onipotência maravilhosa e ingênua. A segunda, por sua vez, (-/-) baseia-se na crença de que todas as pessoas são péssimas, pois, a partir dele mesmo, ninguém é confiável, o mundo não presta, está tudo perdido, e outras tantas suposições. Essa posição tende, em muitos casos, a levá-lo a concluir que não adianta mais lutar, continuar vivo, e que deve morrer.

Felizmente, há ainda a *posição realista* (+- /+-), de equilíbrio, capaz de permitir o caminho dos verdadeiros encontros. Nessa posição, a pessoa julga-se igual às outras, nem mais nem menos, percebendo em si e nelas um grande potencial. Sente-se capaz de desenvolver-se em todas as formas de inteligência, habilidades, acreditando que o sucesso é possível para todos, não apenas para alguns poucos privilegiados. Descobre que tanto ela quanto as outras pessoas têm limites, mas esses não as impedem de crescer nem que os bons encontros aconteçam.

Essa é a posição que se deseja para os relacionamentos entre mulher e homem: que ambos respeitem suas individualidades, seus sentimentos, seus gostos, seus objetos, e descubram-se em condições de viver o amor ou a amizade, porque crescem na estima de si mesmos e também da outra pessoa, mesmo lembrando que ninguém é perfeito, que nenhuma pessoa é completa.

Ideal *versus* real

A falta de ideias claras pode levar a um confronto entre o sonho, aquilo que se deseja, o *ideal*, e o que na verdade existe, o *real*. Tal situação tende a estabelecer uma crise, momentânea ou mais prolongada, dependendo da seriedade com que se estabeleça.

Toda crise é oportunidade de construção, porque nos desacomoda quando a encaramos sem fugir dela, ao mesmo tempo que nos remete ao novo. É o momento de fazermos novas escolhas ou de reafirmarmos as opções anteriores.

Também o desequilíbrio de gênero pode ser considerado como um convite para a mudança, para a descoberta de novos caminhos. Diante de comportamentos que já não se sustentam e do que ainda não surgiu, estabelece-se o processo que nos desafia para tomarmos rumos libertadores. Há uma tendência de transformar o corpo diante de imposições, da moda ou de algumas outras determinantes, como mecanismo de manipulação.

O corpo tornou-se um acessório da presença, um lugar da representação de si. A vontade de transformar o próprio corpo tornou-se um lugar-comum. Se, tempos atrás, a alma ou a mente eram opostos ao corpo, hoje a versão moderna do mesmo dualismo opõe o homem ao próprio corpo. O corpo não é mais a encarnação irredutível de si mesmo, mas sim uma construção pessoal, um objeto transitório e manipulável, suscetível de muitas metamorfoses, de acordo com os desejos do indivíduo. Se tempos atrás ele encarnava o destino da pessoa, a sua identidade intangível, é hoje uma proposição a ser sempre refinada e retomada[5].

Para muitas pessoas, conviver com o próprio corpo e poder alegrar-se com ele tem dado lugar ao desejo de modificá-lo, para que seja de acordo com o ideal de fantasia que ele pode representar, mais do que com aquilo que ele realmente é. Assim, muita gente, para atender a padrões impostos por outros e por não ter intimidade com seu corpo, passa a conviver com ele tão modificado que acaba desconhecendo suas reais necessidades.

Por outro lado, alguém que procura conhecer-se e levar-se a sério pode imprimir no corpo sua própria marca, o "eu sou assim", que conhece e aceita. A pessoa que se respeita em sua singularidade testemunha que vive a autonomia e está pronta para também respeitar a singularidade das outras pessoas. Reconhecer-se como ser único é assumir a própria identidade fundamental para o resgate de si mesmo e para os encontros sociais.

A comunicação sem corpo e sem rosto favorece as identidades múltiplas, a fragmentação do sujeito empenhado em uma série de encontros virtuais para os quais todas as vezes ele endossa um nome diferente, ou uma idade, ou um sexo ou uma profissão, escolhidos de acordo com as circunstâncias. O corpo torna-se um dado facultativo. A reificação do ser humano comporta logicamente a humanização do computador com uma inversão radical de valor. Tudo aquilo que afasta o ser humano da máquina é percebido como uma insuportável indignidade do homem. Mas tudo aquilo que aproxima a máquina ao

---

5. BRETON, DAVID LE, O corpo em jogo. Um diálogo distorcido entre o "eu" e a carne, *Adital*, 15 abr. 2011, 1.

ser humano por metáfora ou comparação é imediatamente de crédito da primeira, na convicção de que o ser humano já está superado e de que os seus dias estão contados[6].

Buscar o corpo ideal moldado a partir de uma estética construída de fora para dentro tende a ser uma desconsideração, em primeiro lugar pessoal: da pessoa que não se respeita, não se pergunta o que, de fato, para ela é melhor. Ao mesmo tempo há uma desconsideração com o real, ou seja, com o próprio corpo, rejeitando-o no todo ou em algumas de suas partes.

A harmonia é possível

Para uma vida harmoniosa é necessário, em primeiro lugar, que mulheres e homens procurem refinar sua percepção, tendo presentes as diferenças psicológicas individuais entre ambos, para poderem se conhecer melhor. O homem, em geral mais prático, procura alcançar soluções. Sua capacidade para conseguir resultados facilita o desenvolvimento de suas habilidades, ao mesmo tempo que lhe assegura a manutenção do poder. Sentimentos nem sempre fazem parte de seus interesses, por isso não costuma reagir bem diante de expressões de emotividade. A mulher, por sua vez, mais ligada a sentir, a ajudar, a relacionar-se, a ter intuição bastante aguçada, sente-se bem partilhando seus sentimentos e conversando.

Se chegarem à constatação de que essas diferenças não precisam ser impedimentos para suas vidas, poderão ir além das aparências e construir um relacionamento saudável. As aparentes pequenas nuances, se não forem conhecidas, por

---

6. Ibid., 3.

vezes podem dificultar o relacionamento do par. Por isso, o diálogo, a conversa a dois, em que o mais importante é escutar, precisam ser frequentes e abertos. O ideal é que mulheres e homens conversem para se conhecerem mais e se ajudarem a ter uma convivência saudável.

Ao mesmo tempo, é necessário o desejo de acertar o passo, de resgatar os pontos comuns ou afinidades, assumindo sem falsas premissas a possibilidade do encontro. Não para descobrirem os pontos fracos um do outro e depois os usarem como armas de ataque ou de defesa – o que denotaria uma personalidade defensiva ou paranoide, porque sempre se sente perseguida –, mas para estabelecerem uma relação mulher-homem que seja harmoniosa, como propõe o apóstolo João.

O Apocalipse, livro que apresenta a natureza e o medo do testemunho cristão, mostra simbolicamente que a tarefa fundamental dos cristãos é a redenção do feminino. [...] Mulheres e homens precisam encontrar, dialogar, transformar e redimir o feminino rejeitado. Só depois disso estarão prontos para uma verdadeira união de amor. Só depois disso serão capazes de gerar liberdade e vida. Só então estarão verdadeiramente abertos e receptivos para fazer a experiência de Deus[7].

Quando se pretende estabelecer boas relações de companheirismo e intimidade por tempo prolongado, é preciso abrir mão de um posicionamento individualista, que leva à desunião e à destruição do que poderia ser um encontro de fato. O individualismo parte da falsa suposição de que a pessoa está sozinha, basta-se a si mesma, e por isso precisa fazer o seu melhor para manter-se viva sem levar em conta a presença do outro.

---

7. STORNIOLO, apud PEREIRA, *Caminho para a iniciação feminina*, 13.

Enquanto não está vinculada a alguém, a pessoa não percebe com rapidez nem com clareza como o individualismo e a competitividade corroem qualquer possibilidade de se viver de modo equilibrado e harmônico. Por que competir se podemos cooperar, juntando forças ao invés de medi-las? Duas pessoas que se propõem a viver uma relação cooperativa precisam concordar em vários pontos; aí está o caminho para o equilíbrio desejado.

Descobrir as afinidades e quais pontos podem ser elogiados, antes de passar para uma chamada de atenção, é um dos requisitos para o diálogo; além disso, saber escutar, mais do que ouvir, o que a outra pessoa fala. Para ouvir, basta estarmos com os "ouvidos abertos". Para escutar é necessário prestar atenção, querer saber o que a outra pessoa tem a dizer.

O primeiro passo que Claude Steiner[8] estabelece para um relacionamento saudável mulher-homem é que não pode haver escassez de necessidades básicas, quando se pensa em relações interpessoais; em nosso caso específico, a relação a dois, mulher e homem. As pessoas envolvidas precisam ter condições de suprir suas necessidades de alimentação, moradia e de tudo mais. Esse tipo de procedimento favorece a abundância, a fim de que ninguém tenha falta de nada.

Partindo-se da suposição de que existe o necessário, o passo seguinte refere-se aos direitos iguais para ambos. Caso típico que se enquadra nesse modelo é o da mulher que "só trabalha em casa". Por esse motivo, seu desejo de lazer não é considerado, mesmo que trabalhe muito mais horas do que o homem.

Outro caso semelhante é o da mulher que trabalha fora e, ao chegar em casa, ainda faz todo o serviço doméstico, enquanto o homem não participa dessas tarefas por serem

---

8. STEINER, *Os papéis que vivemos na vida*, 274-278.

consideradas "coisas de mulher". Muitas vezes, ele invoca para si o direito de descansar, ler o jornal, assistir à televisão ou ir tomar banho, por ter trabalhado o dia todo!

Outro passo relevante na construção do relacionamento a dois é que não haja jogos de poder. É exatamente o oposto do que se deseja. O homem que apela para o uso desses jogos incorre no equívoco de achar-se mais poderoso, e o demonstra batendo portas, gritando, apresentando comportamento mal-humorado, usando de violência ou desconsiderando a mulher de maneira clara ou velada.

Para que a cooperação exista, não deve haver segredos a respeito de quais são os desejos de ambos. Também nesse caso podem acontecer manifestações de poder, simplesmente por não terem suficiente consciência sobre o que desejam ou por não saberem como pedir. Muito facilmente a relação deixa de ser de cooperação, passando para a competitividade. Existe o temor, nem sempre justificado, de que a revelação do desejo desencadeie o desequilíbrio na relação, favorecendo uma posição de fraqueza ou de inferioridade de uma das partes.

O último passo estabelecido por Steiner é evitar a "falsa salvação", ou seja, quando não há nenhum pedido ou quando nenhuma necessidade é mencionada, que não se ofereçam coisas para a outra pessoa apenas tendo como motivação a culpa, como se ela nada pedisse por simples incompetência, ou, pior ainda, como se um dos dois fosse responsável por descobrir e satisfazer o desejo do outro.

Apesar de existir uma tendência à competitividade e ao cumprimento de regras cada vez mais exigentes, existe o desejo, tanto de mulheres quanto de homens, de maior proximidade. Persiste a busca pelo desenvolvimento de relações que se mantenham fortes e estreitas, embora nem sempre isso venha à tona da consciência.

Sentimentos não assumidos, assuntos mal resolvidos ou inacabados, fazem parte das causas dos conflitos a dois. Quanto mais existirem, mais se erguerão barreiras impeditivas da comunicação.

Uma das chaves para o equilíbrio implica a vivência amadurecida das três dimensões do ser humano, que contemplem seu desenvolvimento físico, mental (ou emocional) e espiritual. Consiste em conhecer-se bem e amar-se autenticamente, porque só assim lhe será possível conhecer e amar quem quer que seja. Só uma pessoa que se ama e tem contato com sua realidade interna pode contatar verdadeiramente a realidade externa. Do contrário, estaria vivendo apenas fantasia, construindo um castelo de areia que se dissolve com a menor subida da maré.

É necessário conectar-nos de novo com o mundo interior para podermos descobrir nossa essência e buscar aquilo que realmente faz sentido. Só chega a esse resultado quem se habitua a olhar para dentro de si mesmo e, assim, ter consciência de seus sentimentos, permitindo-se senti-los e sair da superfície, para mergulhar no mais profundo de si mesmo, apropriando-se de sua vida.

O casamento, como instituição cultural, mesmo numa relação não oficializada, reflete a busca pela complementaridade. Mulher e homem crescem à medida que ambos, sem perder a individualidade, põem em comum seu potencial, para juntos construírem algo novo. Não será mais apenas o "meu" ou o "seu", porque a caminhada a dois no casamento visa à construção do "nosso", em que não haja dominação nem sentimento de superioridade e onde cada pessoa seja aceita em sua verdade.

A união conjugal representa a imagem mais expressiva da aliança do homem e da mulher, porém não a esgota. O ser humano é chamado a viver o relacionamento harmonioso da vocação humana, condicionada por uma feliz nudez, verdade sem véu e sem segredo, ausência de máscaras, de artifícios[9].

Ao se perder a dimensão da mão na mão, do olho no olho, da caminhada para a realização do ideal comum, pode-se chegar à competição. Um poderá querer mostrar que é melhor, não dando chance para que o outro também se destaque. Essa pode ser uma das causas do fracasso de tantos relacionamentos. Esse é também um dos equívocos. Quando alguém é bom, não precisa se autopromover, pois o valor real naturalmente emerge.

Mulher e homem precisam aprender a ser parceiros, para que seja possível a ajuda mútua. O crescimento individual deve ser respeitado e buscado. Quanto mais isso acontece, mais fácil fica seguir adiante. Se, entretanto, houver alguma carência em nível pessoal, é importante identificá-la para que seja suprida.

Na busca de reconhecimento e de conquista de direitos, é preciso ter cuidado para não passar da situação em que o homem dominava para outra abordagem, tão agressiva quanto a anterior, na qual é a mulher que passa a dominar. Vale lembrar que sua contribuição para a mudança consiste em garantir a ambos na sociedade o papel de parceiros, motivo mútuo para justa admiração e respeito.

Como vimos refletindo, existe uma imposição histórica e cultural da masculinidade que precisa ser desconstruída para que o homem seja capaz de caminhar livre de rótulos que dificultem o relacionamento de gênero. A dicotomia entre homens e mulheres apenas acentua as tensões e conflitos entre os seres humanos.

---

9. Roy, *Tu me deste um corpo*, 88.

Ao longo dos séculos, parece que a busca pelo equilíbrio, pela posição privilegiada em que um pode recostar no outro, contar com sua companhia enquanto partilham a vida, continua sendo desejada. É como a saudade de casa que sente o viajante após muitos dias ausente do aconchego familiar. Essa pode ser também nossa utopia, nosso sonho a ser perseguido, embora nunca seja plenamente atingido. A conquista será fruto de atitudes concretas, de busca de saber, de qualificação, de autovalorização, que levem à realização pessoal e que favoreçam o equilíbrio:

> Faz-se necessário voltar à emoção, à vibração, à qual a revelação dá pleno sentido. É sugestão para escutar e interpretar a linguagem do nosso corpo, cuja gramática exige uma atenção delicada e um paciente aprendizado para administrar nossa distinção corporal sexuada, feminina ou masculina, num relacionamento feliz e equilibrado. Aceitar o seu corpo e o corpo do outro e da outra é condição de crescimento do ser humano em sua estrutura fundamental: sexualidade, afetividade e espiritualidade[10].

Alguns passos de compreensão e maior justiça foram dados por uma minoria de cristãos, o que não nos impede de dizer que bom pedaço da tarefa continua à espera de ser cumprida, incluindo a abertura dos espaços dentro da estrutura eclesial, assim como nas ações pastorais e na liturgia. É evidente a presença massiva da mulher em todos os eventos e organizações da Igreja, superando muito a do homem, o que parece sinalizar a intenção da Providência no sentido de uma conversão do corpo místico para uma atenção a membros tão preciosos como são as mulheres. É necessário desinstalar o pensamento vigente ainda hoje, até mesmo na Igreja, determinado por estruturas

---
10. Ibid., 96.

de dominação, da supremacia do homem em relação à mulher, historicamente vista vários degraus abaixo.

A pergunta proposta por Fiorenza e por outras é como inserir na ordem sociossimbólica masculina do cristianismo a experiência das mulheres, de modo que essa ordem não legitime mais a superioridade de um gênero sobre outro, e as mulheres tenham maior acesso aos aspectos libertadores da tradição cristã[11].

Equilíbrio de gênero vai igualmente além da divisão das tarefas domésticas. É participação conjunta na qual mulher e homem caminham no mesmo nível. Acontece quando o homem descobre que pode ser viril na complementaridade, que cresce e se enriquece na partilha, que pode expressar sentimentos, chorar, rir, participar dos trabalhos de casa e continuar sendo homem, sendo referência de masculinidade tanto às filhas que querem se casar como aos filhos, para que se livrem de preconceitos machistas, resgatem seu valor autêntico e vejam a mulher como pessoa de deveres e direitos iguais.

A tendência bíblica e cristã é ver o homem como a "cabeça" da mulher. Em definitivo, a mulher foi criada da costela do homem (Gn 2). Porém, outra história da criação diz que Deus criou ambos, homem e mulher, à imagem de Deus (Gn 1). A imagem de Deus se revela plenamente somente no casal homem-mulher. Isto supõe complementaridade e reciprocidade entre os gêneros. E essa complementaridade encontra expressão em seus corpos e em sua criatividade: Siva (o homem), sem Shakti (a mulher) é Sava (cadáver)[12].

---

11. GREEN, Elisabeth Schüssler Fiorenza, 74.
12. AMALADOSS, MICHAEL, Ecologia. Uma perspectiva teológica a partir da Índia, Adital, jan. 2011, 105.

O corpo é o lugar em que o Espírito habita. "Não sabeis que vosso corpo é templo do Espírito Santo, que está em vós e que recebestes de Deus?" (1Cor 6,19). Para São Paulo, a atitude cristã esperada há de ser o reconhecimento de que o corpo, por ser templo do Espírito Santo, comprado por alto preço, já não nos pertence. O modo como o tratamos pode refletir ou não nosso compromisso com o Senhor da vida, a quem nos dirigimos com nossas ações, mesmo que nem sempre tenhamos consciência disso.

O apóstolo prossegue em sua exortação: "Glorificai, pois, a Deus no vosso corpo!" (1Cor 6,18-20), e insiste na necessidade de tomarmos consciência de que fazemos parte do corpo místico de Cristo e, como seus membros, por meio dele, nos relacionarmos uns com os outros. *Ora, vós sois o corpo de Cristo e cada um, de sua parte, é um dos seus membros* (1Cor 12,27).

Corporeidade e espiritualidade estão intimamente ligadas dentro do projeto de criação do ser humano por Deus. Quanto mais o corpo é tratado com coerência, mais se aproxima desse projeto. Por isso, a necessidade de conhecer os muitos aspectos, a constituição, os limites reais ou falsos do ser, para se descobrir a realidade inerente à mulher e ao homem.

A consciência da sacralidade do corpo é o que dá sentido a todos os relacionamentos. Quanto mais humanos formos, mais divinos seremos, mais perto estaremos do sonho do Criador. Mais ainda, é a consciência de que toda mulher, assim como cada pessoa com sua corporeidade, é sacramento, sinal visível e concreto de Deus presente. Portanto, nossa corporeidade é passagem privilegiada para a espiritualidade. É o divino iluminando o humano e se deixando encarnar, para juntos construírem um novo dinamismo, uma nova vida.

REFERÊNCIAS

ADITAL. *De Lacan a Almodóvar. Mudar de vida mudando de pele.* 27 maio 2011. Tradução de Moisés Sbardelotto. Disponível em: ‹https://www.ihu.unisinos.br/noticias/43772-de-lacan-a-almodovar-mudar-de-vida-mudando-de-pele›. Acesso em: jun. 2023.

_____. *O corpo em jogo. Um diálogo distorcido entre o "eu" e a carne.* 16 abr. 2011. Tradução de Moisés Sbardelotto. Disponível em: ‹https://www.ihu.unisinos.br/noticias/42464-o-corpo-em-jogo-um-dialogo-distorcido-entre-o-eu-e-a-carne›. Acesso em: jun. 2023.

_____. *Quando a obsessão pelo corpo se torna uma doença.* 27 maio 2011. Tradução de Moisés Sbardelotto. Disponível em: ‹https://www.ihu.unisinos.br/noticias/43768-quando-a-obsessao-pelo-corpo-se-torna-uma-doenca›. Acesso em: jun. 2023.

AGOSTINHO. *Confissões.* São Paulo: Penguin, 2017, livro X.

ALAMBERT, Zuleika. *Direitos Humanos no Brasil. Conferências para Educadores.* São Paulo: Edit. e Artes Gráficas MPA, 1986.

ALMEIDA, Rute Salviano. *Vozes femininas no início do cristianismo.* São Paulo: Hagnos, 2017.

AMALADOSS, Michael. Ecologia. Uma perspectiva teológica a partir da Índia. *Adital,* n. 105, jan. 2011.

BATTISTONI, Carlo. *Quando me encontrei com as tuas palavras.* São Paulo: [s.l.], 2013.

BENTO XVI. *Audiência Geral.* Roma: Libreria Editrice Vaticana, 30 maio 2007.

BERNE, Eric. *Sexo e amor.* Rio de Janeiro: José Olympio, 1976.

BERTHERAT, Thérèse. *O corpo tem suas razões.* São Paulo: Martins Fontes, [14]1991.

BIANCHI, Enzo. O Cântico dos Cânticos lido pelas três grandes religiões. *IHU*, 01 nov. 2011. Tradução de Moisés Sbardelotto.
BÍBLIA DE JERUSALÉM. São Paulo: Paulus, 2002.
BÍBLIA TEB. Nova edição. Tradução Ecumênica da Bíblia. São Paulo: Loyola, ³1994.
BOFF, Leonardo. *A ressurreição de Cristo. A nossa ressurreição na morte.* Petrópolis: Vozes, 1973.
_____. Interpretação feminista do relato da criação. *Adital*, 28 mar. 2011.
_____. *O rosto materno de Deus.* Petrópolis: Vozes, 1979.
_____. *Os sacramentos da vida e a vida dos sacramentos.* Petrópolis: Vozes, 1975.
_____. *Paixão de Cristo, paixão do mundo.* Petrópolis: Vozes, 2003.
_____. *Vida para além da morte.* Petrópolis: Vozes, 1973.
BOULAD, Henri. *Deus e o mistério do tempo.* São Pulo: Loyola, 1992.
BOURDIEU, Pierre. *A dominação masculina.* Rio de Janeiro: Bertrand, ⁶2009.
BRENNER, Athalya. *A mulher israelita.* São Paulo: Paulinas, 2001.
BRETON, David Le. O corpo em jogo. Um diálogo distorcido entre o "eu" e a carne. *Adital*, 15 abr. 2011.
BUBER, Martin. *Eu e tu.* São Paulo: Cortez Moraes, 1979.
CABARRÚS, Carlos Rafael. *A dança dos íntimos desejos.* São Paulo: Loyola, 2007.
CANTALAMESSA, Raniero. *Eros e Ágape. As duas faces do amor humano e cristão.* Petrópolis: Vozes, 2017.
CASTELLI, Elizabeth. Virginity and its meaning for women's sexuality in early Christianity. *Journal of Feminist Studies in Religion*, New York, 1986.
CERQUEIRA, Elizabeth K. (Org.). *Sexualidade. Gênero e desafios bioéticos.* São Caetano do Sul: Difusão, 2011.
_____. Sexualidade humana. In: RAMOS, D. L. (Org.). *Bioética. Pessoa e vida.* São Caetano do Sul: Difusão, 2009.
CIRLOT, Juan-Eduardo. *Dicionário de Símbolos.* São Paulo: Moraes, 1984.
DOCUMENTOS DO VATICANO II. Petrópolis: Vozes, 1966.
DOURLEY, John P. *A psique como sacramento.* São Paulo: Paulus, 1985.
FADIMAN, James; FRAGER, Robert. *Teorias da personalidade.* São Paulo: Harper e Row, 1979.
FIORENZA, Elisabeth Schüssler. *Caminhos da sabedoria. Introdução à interpretação bíblica feminista.* São Bernardo do Campo: Nhanduti, 2009.
FOHRER, G.; SELLIN, E. *Introdução ao Antigo Testamento.* São Paulo: Paulinas, ²1980, v. I.
FOUCAULT, Michel. *O corpo utópico. As heterotopias.* Posfácio de Daniel Defert. São Paulo: Edições n. 1, 2013.
FRANKL, Viktor E. *Em busca de sentido. Um psicólogo no campo de concentração.* Petrópolis: Vozes, 1991.
_____. *A presença ignorada de Deus.* Petrópolis: Vozes, ²1992.
GOTTWALD, Norman K. *Introdução socioliterária à Bíblia Hebraica.* São Paulo: Paulus, 1988.

REFERÊNCIAS

GRAY, John. *Homens são de Marte, mulheres são de Vênus*. Rio de Janeiro: Rocco, [12]1997.
GREEN, Elizabeth. *Elisabeth Schüssler Fiorenza*. São Paulo: Loyola, 2009.
HARDING, M. Esther. *Os mistérios do feminino*. São Paulo: Paulinas, 1985.
HOFF, Suzanne. *Seleções do Reader's Digest*. Rio de Janeiro, out. 2010.
HOORNAERT, Eduardo. A Igreja e a mulher. Um diálogo possível. *Adital*, 03 mar. 2011.
JOÃO PAULO II. *Carta Apostólica Mulieris dignitatem*. Sobre a dignidade e a vocação da mulher por ocasião do Ano Mariano. 18 ago. 1988. Disponível em: ‹https://www.vatican.va/content/john-paul-ii/pt/apost_letters/1988/documents/hf_jp-ii_apl_19880815_mulieris-dignitatem.html›. Acesso em: jun. 2023.
_____. *Carta às mulheres*. Para a 4ª Conferência Mundial a ser realizada em Pequim. 29 jun. 1995. Disponível em: ‹https://www.vatican.va/content/john-paul-ii/pt/letters/1995/documents/hf_jp-ii_let_29061995_women.html›. Acesso em: jun. 2023.
JUNG, Carl Gustav. *Memórias, sonhos, reflexões*. Rio de Janeiro: Nova Fronteira, [3]1975.
LACERDA, C. A. O. P.; LACERDA, M. P. de. *Adolescência, problema, mito ou desafio*, Petrópolis: Vozes, [2]1999.
LACERDA, M. P. de. *Bem junto do coração*. Petrópolis: Vozes, 1993.
_____. *Os sete sinais do amor*. São Paulo: Paulinas, 1979.
_____. *Jesus de Nazaré, vencedor ou perdedor?* São Paulo: Loyola, [2]1989.
LAPLANCHE, Jean; PONTALIS, Jean-Bertrand. *Vocabulário da Psicanálise*. São Paulo: Martins Fontes, 1991.
L'APPLE, Alfred. *Bíblia, interpretação atualizada e catequese*. São Paulo: Paulinas, 1980, v. II.
LELOUP, Jean-Yves, *Amar... apesar de tudo*. Campinas: Verus, 2000.
LEMOS, Marilda de Oliveira. *Sexualidade. Conversando a gente se entende*. São Paulo: CDD, [2]2003.
LEVY, Ronald B. *Só posso tocar você agora*. São Paulo: Brasiliense, 1977.
LOYOLA, Inácio de. *Exercícios espirituais*. São Paulo: Loyola, 2000.
LOWEN, Alexander. *O corpo em terapia. A abordagem bioenergética*. São Paulo: Summus, [s.d.], v. 4.
_____. *O corpo traído*. São Paulo: Summus, [3]1979.
MACARTHUR, John. *Doze mulheres extraordinariamente comuns*. Rio de Janeiro: Thomas Nelson Brasil, 2019.
MANKOWITZ, Ann. *Menopausa, tempo de renascimento*. São Paulo: Paulinas, 1986.
MESTERS, Carlos. *Como ler o livro de Rute. Pão, família, terra*. São Paulo: Paulus, [3]1986.
_____. *Paraíso terrestre. Saudade ou esperança*. Petrópolis: Vozes, 1977.
MOINGT, Joseph. As mulheres e o futuro da Igreja. *Unisinos*, 21 fev. 2011.
MONBOURQUETTE, Jean. *A cura pelo perdão*. São Paulo: Paulus, 1996.

MONTAGU, Ashley. *Tocar. O significado humano da pele*. São Paulo: Summus, 1988.
MOTA, Maria Dolores de Brito. Fisiografia dos assassinatos de mulheres. imolação do corpo feminino no feminicídio. *Universidade Livre Feminista*, 11 maio 2010. Disponível em: ‹https://feminismo.org.br/2010/05/11/fisiografia-dos-assassinatos-de-mulheres-a-imolacao-do-corpo-feminino-no-feminicidio/›. Acesso em: jun. 2023.
_____. Amor e morte. Tramas afetivas do feminicídio. *Universidade Livre Feminista*, 14 jun. 2010. Disponível em: ‹https://feminismo.org.br/2010/06/14/amor-e-morte-tramas-afetivas-do-feminicidio/›. Acesso em: jun. 2023.
NOUWEN, Henri M. *Intimidade. Ensaios de psicologia pastoral*. São Paulo: Loyola, 2001.
_____. *Transforma meu pranto em dança*. Rio de Janeiro: Textus, 2002.
OCCHIUZE, Heloísa, et al. (Org.). *Direitos Humanos no Brasil. Conferências para Educadores*. São Paulo: Edit. e Artes Gráficas MPA, 1986.
PAULO VI. *Constituição Dogmática Lumen Gentium*: sobre a Igreja. 21 nov. 1964, n. 61b. Disponível em: ‹https://www.vatican.va/archive/hist_councils/ii_vatican_council/documents/vat-ii_const_19641121_lumen-gentium_po.html›. Acesso em: jun. 2023.
PEDRO, Enilda de Paula; NAKANOSE, Shigeyuki. Debaixo da macieira te desnudei. Uma leitura de Cânticos 8,5-7. *Ribla*, Petrópolis, v. 3, (2000), 60-78.
PERERA, Sylvia B. *Caminho para a iniciação feminina*. São Paulo: Paulinas, 1985.
RAVASI, Gianfranco. *A narrativa do céu*. São Paulo: Paulinas, 1999.
REICH, Wilhelm. A função do orgasmo. In: FADIMAN, J.; FRAGER, R. *Teorias da personalidade*. São Paulo: Harbra, 1986.
ROHNER, Teodoro. *Atendimento pastoral às prostitutas*. São Paulo: Paulinas, 1988.
ROY, Ana. *Tu me deste um corpo*. São Paulo: Paulinas, 2000.
SAMUEL, S. Andrew. *Jung e os pós-junguianos*. Rio de Janeiro: Imago, 1989.
SANTISO, Maria Teresa Porcile. *A mulher, espaço de salvação*. São Paulo: Paulinas, 1993.
SHEEHY, Gail. *Passagens. Crises previsíveis na vida adulta*. Rio de Janeiro: Francisco Alves, [10]1985.
SOUZENELLE, Annick de. *O simbolismo do corpo humano*. São Paulo: Pensamento, 1995.
SPITZ, René A. *O primeiro ano de vida*. São Paulo: Martins Fontes, [2]1982.
STEINER, Claude. *Os papéis que vivemos na vida*. Rio de Janeiro: Artenova, 1976.
STORNIOLO, Ivo. *Como ler o livro de Josué. Terra = Vida – Dom de Deus e conquista do povo*. São Paulo: Paulus, [3]1997.
STORNIOLO, Ivo; BALANCIN, E. M. *Como ler o Cântico dos Cânticos*. São Paulo: Paulinas, 1991.
TAMEZ, Elsa. Para uma leitura bíblica do Cântico dos Cânticos, *RIBLA*, Petrópolis: Vozes, n. 38, (2001), 56-69.
TANNER, Ira J. *Solidão. O medo do amor*. Rio de Janeiro: Record, 1977.

TEPE, Valfredo. *Prazer ou amor*. [s.l.]: Mensageiro da Fé Ltda., 1966.
VAN DEN BORN, A. et al. *Dicionário Enciclopédico da Bíblia*. Petrópolis: Vozes, 1977.
VIDAL, Marciano. *Ética da sexualidade*. São Paulo: Loyola, 2012.
_____. *O matrimônio. Entre o ideal cristão e a fragilidade humana*. Aparecida: Santuário, 2007.
VIORST, Judith. *Perdas necessárias*. São Paulo: Melhoramentos, 1995.
WEILER, Lúcia. Chaves hermenêuticas para uma releitura da Bíblia em perspectiva feminista e de gênero. In: SUSIN, Luiz Carlos (Org.). *Sarça ardente. Teologia na América Latina* – Perspectivas. São Paulo: Paulinas, 2000.

Edições Loyola

editoração impressão acabamento
Rua 1822 n° 341 – Ipiranga
04216-000 São Paulo, SP
T 55 11 3385 8500/8501, 2063 4275
www.loyola.com.br